100 world
geniuses

교양으로 읽는 세계사 —————————————

천재들의 인생도감

야마사키 케이치 감수 | 황명희 옮김

BM (주)도서출판 성안당

프롤로그

어렸을 때 나는 '도감' 보는 것을 좋아했다. 동물이나 식물 등 형형색색의 모습과 그 특징, 그리고 자연계 속에서의 일을 알 때마다 '좀 더 알고 싶다!'라는 지식욕이 생기게 되었다.

나는 20년에 걸쳐 고등학교 현장에서, 또 YouTube의 동영상 수업으로 역사를 아는 것의 흥미로움과 심오함을 전해 왔다. 역사에 흥미를 갖게 하는 열쇠 중 하나가 바로 '그 시대에 사는 인물의 인간성을 아는 것'이라고 생각한다. 실제 현장 수업에서도 등장인물의 인간성에 대한 이야기를 할 때는 학생의 눈이 빛났고, 내 채널의 구독자가 6만 명에 조회수 1,300만 회를 헤아리는 동영상 시리즈가 된 것도 요소요소에서 등장인물의 풍부한 인간성을 전했기 때문이라 생각한다.

이 책은 그러한 역사의 인물 가운데 '천재'라고 할 수 있는 100명을 뽑아 그 인생에 대한 '도감'의 형태로 소개하였다. 그 중에는 생전에 빛을 못 보고 사후에 높은 평가를 받은 인물도 있고, 생전에 권력의 절정에 있어서도 사후 '독재자'로 불리는 인물들도 있다. 수록한 100명은 영화로, 문학으로, 여행으로, 게임의 캐릭터로 앞으로 모두가 꼭 한 번은 만나야 할 인물임은 분명하다.

이 책은 그러한 위인들의 '각양각색'의 인생을 친숙한 일러스트로 소개하고 있다. 페이지를 넘기면서 '좀 더 알고 싶다!'라는 지식욕이 생기고 역사를 가까이 느낄 수 있는 계기가 되었으면 좋겠다.

야마사키 케이치

이 책을 보는 방법

그 인물이 남긴 명언,
그 인물에 대한 말이나
해설도 있다.

일련번호. 태어난 순으로
#001~#100으로 되어 있다.

생존기간. 출생연도
~사망연도까지를
기록하고 있다.

이름과 영어
표기이다.

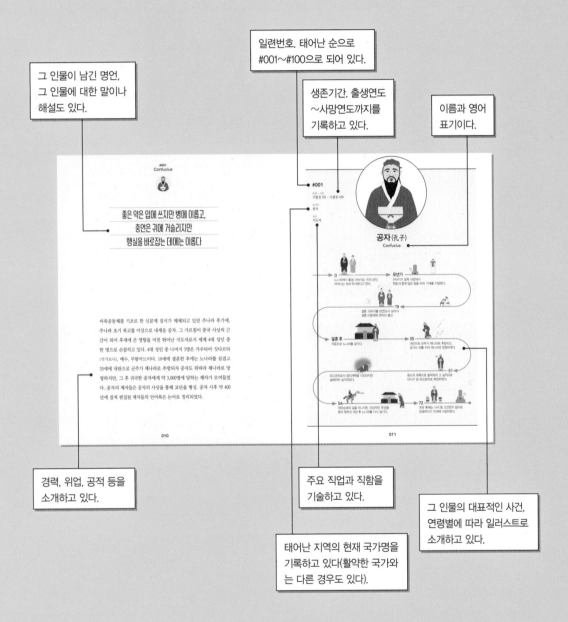

경력, 위업, 공적 등을
소개하고 있다.

주요 직업과 직함을
기술하고 있다.

태어난 지역의 현재 국가명을
기록하고 있다(활약한 국가와
는 다른 경우도 있다).

그 인물의 대표적인 사건,
연령별에 따라 일러스트로
소개하고 있다.

※ 출생·사망, 출생지, 분류, 업적이 일어난 연령(연호) 등에 대해서는 여러 가지 설이 있는 것도 있다.

Contents

기원전 212경

기원전 210

기원전 183

기원전 100 — 기원전 44

기원전 4경 — 기원후 30경

570 — 632

701 — 762

742 — 814

973경 — 1014경

1082 — 1135

1137 — 1193

1159 — 1189

1162경 — 1227

1224 — 1274

1254 — 1324

1336 — 1405

1398경 — 1468

1412 — 1431

1420 — 1506

1451 — 1504

1451경 — 1506

1452 — 1519

1469경 — 1524

1469 — 1527

1473 — 1543

1475 — 1564

1483 — 1546

1533 — 1603

1542 — 1605

1543경 — 1596

Contents

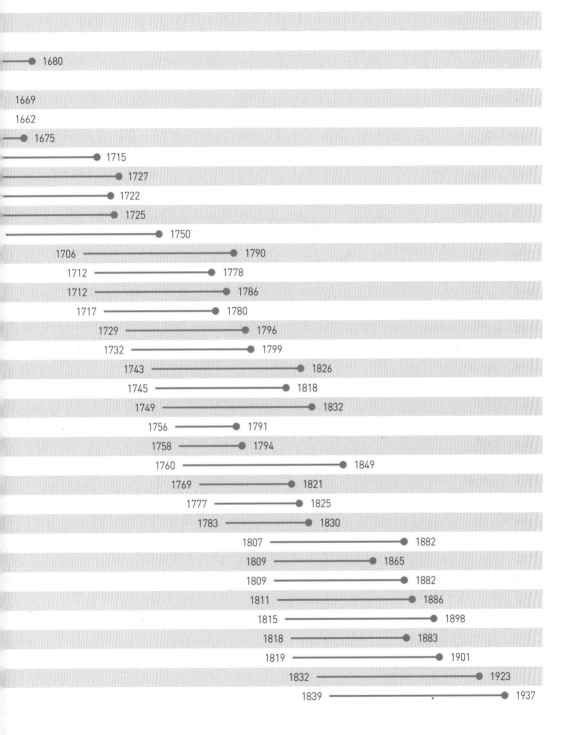

1680

1669

1662

1675

1715

1727

1722

1725

1750

1706 ———— 1790

1712 ———— 1778

1712 ———— 1786

1717 ———— 1780

1729 ———— 1796

1732 ———— 1799

1743 ———— 1826

1745 ———— 1818

1749 ———— 1832

1756 ———— 1791

1758 ———— 1794

1760 ———— 1849

1769 ———— 1821

1777 ———— 1825

1783 ———— 1830

1807 ———— 1882

1809 ———— 1865

1809 ———— 1882

1811 ———— 1886

1815 ———— 1898

1818 ———— 1883

1819 ———— 1901

1832 ———— 1923

1839 ———— 1937

Contents

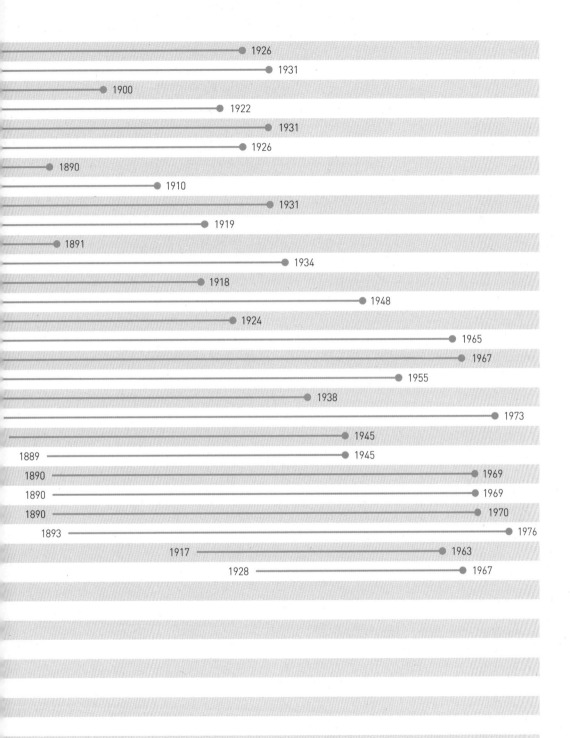

좋은 약은 입에 쓰지만 병에 이롭고, 충언은 귀에 거슬리지만 행실을 바로잡는 데에는 이롭다

씨족공동체를 기초로 한 신분제 질서가 해체되고 있던 주나라 후기에, 주나라 초기 복고를 이상으로 내세운 공자. 그 가르침이 중국 사상의 근간이 되어 후세에 큰 영향을 미친 뛰어난 지도자로서 세계 4대 성인 중 한 명으로 손꼽히고 있다. 4대 성인 중 나머지 3명은 가우타마 싯다르타(석가모니), 예수, 무함마드이다. 19세에 결혼한 후에는 노나라를 섬겼고 35세에 내란으로 군주가 제나라로 추방되자 공자도 뒤따라 제나라로 망명하지만, 그 후 귀국한 공자에게 약 3,000명에 달하는 제자가 모여들었다. 공자의 제자들은 공자의 사상을 통해 교단을 형성. 공자 사후 약 400년에 걸쳐 편집된 제자들의 언어록은 논어로 정리되었다.

#001

출생 – 사망
기원전 551 – 기원전 479

출생지
중국

분류
지도자

공자(孔子)
Confucius

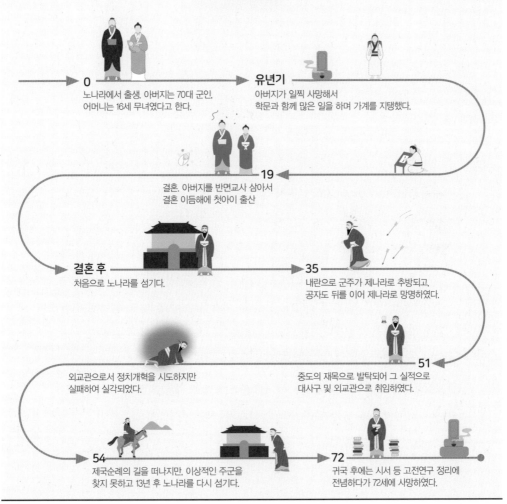

0
노나라에서 출생. 아버지는 70대 군인.
어머니는 16세 무녀였다고 한다.

유년기
아버지가 일찍 사망해서
학문과 함께 많은 일을 하며 가계를 지탱했다.

19
결혼. 아버지를 반면교사 삼아서
결혼 이듬해에 첫아이 출산

결혼 후
처음으로 노나라를 섬기다.

35
내란으로 군주가 제나라로 추방되고,
공자도 뒤를 이어 제나라로 망명하였다.

외교관으로서 정치개혁을 시도하지만
실패하여 실각되었다.

51
중도의 재목으로 발탁되어 그 실적으로
대사구 및 외교관으로 취임하였다.

54
제국순례의 길을 떠나지만, 이상적인 주군을
찾지 못하고 13년 후 노나라를 다시 섬기다.

72
귀국 후에는 시서 등 고전연구 정리에
전념하다가 72세에 사망하였다.

다른 사람의 과실을 볼 필요는 없다
남이 한 일 안 한 일만 보지 말고,
자신이 한 일 안 한 일만 보도록 하라

히말라야 산맥 기슭, 룸비니 마을의 샤카족 왕자로 출생하여, 나중에 '부처님(오샤카사마)'으로 불리게 된다. 성장 과정에서 "노쇠와 죽음, 삶에 대한 모든 괴로움을 극복할 수는 없는 것인가"라고 고심하며, 29세에 처자를 버리고 왕성을 뛰쳐나와 출가한다. 단식 등 엄격한 수행을 하면서 35세 무렵 명상을 통해 깨달음을 얻고 제자들과 함께 포교 여행을 떠난다. 당시 인도는 카스트 제도에 근거한 브라만교가 힘을 가지고 있었지만, 그의 가르침은 브라만교에 이의를 제기하던 사람들의 지지를 모으게 되었다. 80세를 목전에 두고 자신의 죽음이 가까운 것을 예감. 종언의 땅이 된 쿠시나가라에 있는 사라쌍수의 뿌리에 누워 죽기 직전까지 사람들의 구제에 힘썼다.

#002

출생 – 사망
기원전 463경 – 기원전 383경

출생지
네팔

분류
지도자

가우타마 싯다르타
Gautama Siddhartha

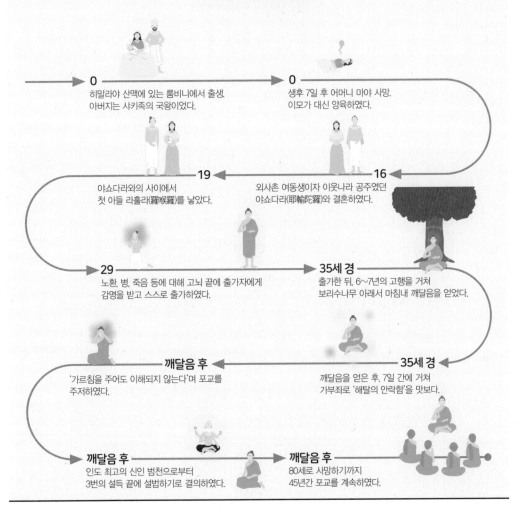

0
히말라야 산맥에 있는 룸비니에서 출생.
아버지는 샤키족의 국왕이었다.

0
생후 7일 후 어머니 마야 사망.
이모가 대신 양육하였다.

19
야쇼다라와의 사이에서
첫 아들 라홀라(羅睺羅)를 낳았다.

16
외사촌 여동생이자 이웃나라 공주였던
야쇼다라(耶輸陀羅)와 결혼하였다.

29
노환, 병, 죽음 등에 대해 고뇌 끝에 출가자에게
감명을 받고 스스로 출가하였다.

35세 경
출가한 뒤, 6~7년의 고행을 거쳐
보리수나무 아래서 마침내 깨달음을 얻었다.

깨달음 후
'가르침을 주어도 이해되지 않는다'며 포교를
주저하였다.

35세 경
깨달음을 얻은 후, 7일 간에 거쳐
가부좌로 '해탈의 안락함'을 맛보다.

깨달음 후
인도 최고의 신인 범천으로부터
3번의 설득 끝에 설법하기로 결의하였다.

깨달음 후
80세로 사망하기까지
45년간 포교를 계속하였다.

세상이 필요로 하는 것과 당신의 재능이 만나는 곳에 천직이 있다

소크라테스, 플라톤과 함께 서양철학의 위대한 철학자의 한 사람으로 꼽히는 아리스토텔레스는 다양한 분야의 학문의 기초를 닦았기 때문에 '만학의 아버지'라고 불린다. 플라톤은 윤리학에 있어서 대화를 통해 진실을 추구하는 '변증법'을 철학의 유일한 방법론이라고 했으나 한편으로 아리스토텔레스는 경험적 사상을 바탕으로 연위(일반적·보편적인 전제에서 보다 개별적이고 특수적인 결론을 얻는 논리적 추론 방법)적으로 진실을 도출하는 분석론을 중시했다. 이 기법은 '삼단논법'(문장을 대전제, 소전제, 결론의 순서로 조합하여 추론하는 방법) 등의 형태로 체계화되었다. 또한 아리스토텔레스의 자연학에 관한 논술은 물리학, 천문학, 기상학, 동물학, 식물학 등 폭넓은 분야에 걸쳐 있으며, 후일 이슬람 철학과 중세 스콜라 철학에도 영향을 미쳤다.

#003

출생 – 사망
기원전 384 – 기원전 322

출생지
그리스

분류
철학자

아리스토텔레스
Aristotle

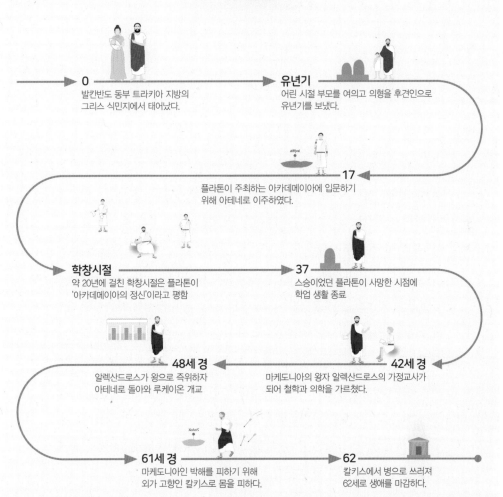

0
발칸반도 동부 트라키아 지방의
그리스 식민지에서 태어났다.

유년기
어린 시절 부모를 여의고 의형을 후견인으로
유년기를 보냈다.

17
플라톤이 주최하는 아카데메이아에 입문하기
위해 아테네로 이주하였다.

학창시절
약 20년에 걸친 학창시절은 플라톤이
'아카데메이아의 정신'이라고 평함

37
스승이었던 플라톤이 사망한 시점에
학업 생활 종료

48세 경
알렉산드로스가 왕으로 즉위하자
아테네로 돌아와 루케이온 개교

42세 경
마케도니아의 왕자 알렉산드로스의 가정교사가
되어 철학과 의학을 가르쳤다.

61세 경
마케도니아인 박해를 피하기 위해
외가 고향인 칼키스로 몸을 피하다.

62
칼키스에서 병으로 쓰러져
62세로 생애를 마감하다.

지식 없이는 기술은 발휘할 수 없다
기술 없이는 힘을 낼 수 없다
힘 없이는 지식을 응용할 수 없다

마케도니아, 그리스, 이집트를 포함한 오리엔트 세계와 더불어 인도 일부에 이르는 대제국·마케도니아 왕국을 창건한 알렉산드로스. 20세에 아버지로부터 왕위를 계승받은 후에는 치세의 대부분을 아시아와 아프리카에 대한 정복활동으로 보냈다. 기원전 334년 아케메네스 왕조(페르시아 제국)를 침공해 대원정을 시작. 그 후 아나톨리아 정복, 이수스 전투와 가우가멜라 전투에서 페르시아를 무찌르고 이어 페르시아 제국의 왕인 다리우스 3세를 무찌르고 페르시아 제국 전역을 제압. 기원전 326년에는 인도를 침공하여 휴다스페스강 전투에서 파우라바족(Pauravas)에게 승리. 싸움에서 패배한 적이 없고 역사상 가장 성공한 군사 지휘자로 알려졌지만, 기원전 323년 아라비아의 침공을 이루지 못한 채 열병에 걸려 그 생을 마쳤다.

#004

출생 – 사망
기원전 356 – 기원전 323

출생지
그리스

분류
국왕

알렉산드로스 대왕
Alexander the Great

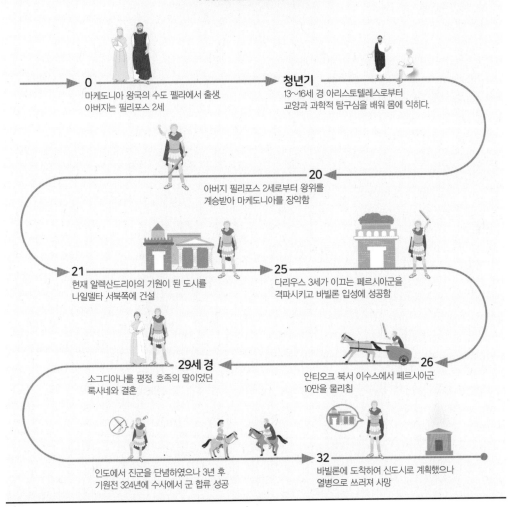

0
마케도니아 왕국의 수도 펠라에서 출생.
아버지는 필리포스 2세

청년기
13~16세 경 아리스토텔레스로부터
교양과 과학적 탐구심을 배워 몸에 익히다.

20
아버지 필리포스 2세로부터 왕위를
계승받아 마케도니아를 장악함

21
현재 알렉산드리아의 기원이 된 도시를
나일델타 서북쪽에 건설

25
다리우스 3세가 이끄는 페르시아군을
격파시키고 바빌론 입성에 성공함

29세 경
소그디아나를 평정. 호족의 딸이었던
록사네와 결혼

26
안티오크 북서 이수스에서 페르시아군
10만을 물리침

인도에서 진군을 단념하였으나 3년 후
기원전 324년에 수사에서 군 합류 성공

32
바빌론에 도착하여 신도시로 계획했으나
열병으로 쓰러져 사망

말할 때를 아는 자는
침묵할 때도 안다

'유체 속의 물에는 그 물체가 밀어내고 있는 유체의 무게와 같은 크기로
위쪽의 부력을 받는다'라는 '아르키메데스의 원리'로 잘 알려진 아르키
메데스. 그 밖에도 다양한 발견과 발명이 평가받고 있다. 공학 분야에서
는 배 밑바닥에 담긴 물을 배출하는 장치 '아르키메디안 스크류(아르키
메데스의 나선)'가 유명하다. 또 수학 분야에서는 '회전체 부피를 구하는
법', '원주율 계산' 등을 고안했다. 그 외에 그가 발견한 '테의 원리'를 이
용한 투석기 등의 무기도 발명하여 로마군과의 전투에서 활약했다고 한
다. 아르키메데스는 생각에 열중한 나머지, 무언가 번뜩이는 순간에는
넋을 잃고 밖으로 뛰쳐나가기도 했다는 일화가 있다.

#005

출생 – 사망
기원전 287년경 – 기원전 212년경

출생지
이탈리아

분류
수학자 외

아르키메데스
Archimedes

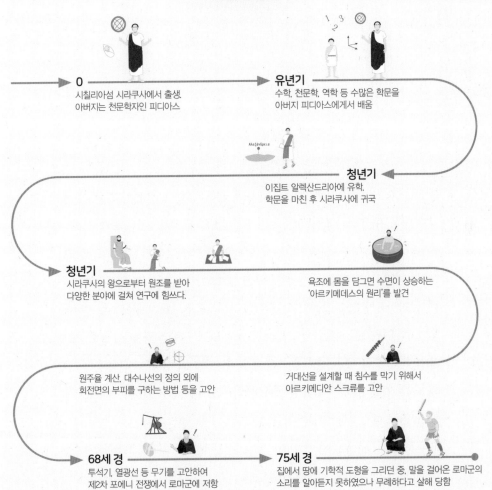

0
시칠리아섬 시라쿠사에서 출생.
아버지는 천문학자인 피디아스

유년기
수학, 천문학, 역학 등 수많은 학문을
아버지 피디아스에게서 배움

청년기
이집트 알렉산드리아에 유학.
학문을 마친 후 시라쿠사에 귀국

청년기
시라쿠사의 왕으로부터 원조를 받아
다양한 분야에 걸쳐 연구에 힘쓰다.

욕조에 몸을 담그면 수면이 상승하는
'아르키메데스의 원리'를 발견

원주율 계산, 대수나선의 정의 외에
회전면의 부피를 구하는 방법 등을 고안

거대선을 설계할 때 침수를 막기 위해서
아르키메디안 스크류를 고안

68세 경
투석기, 열광선 등 무기를 고안하여
제2차 포에니 전쟁에서 로마군에 저항

75세 경
집에서 땅에 기학적 도형을 그리던 중, 말을 걸어온 로마군의
소리를 알아듣지 못하였으나 무례하다고 살해 당함

역사를 읽는 것은 즐겁다
역사를 만드는 것은 더욱 즐겁다

진왕의 조부, 부친의 사망으로 13세에 국왕으로 즉위한 시황제는 22세 무렵부터 주변 나라들을 멸망시키기 시작해 38세에 중국을 통일. 지금까지의 지배체제를 크게 바꾸어 중앙집권국가를 구축. 각국의 지배자가 '왕'이라고 칭하고 있었으나 '모든 나라의 지배자'를 뜻하는 '황제'의 입지를 마련하고 스스로 '시황제'라고 칭하게 되었다. 시황제 왕조가 시작되고 군현제를 시행하여 중앙집권국가를 만들고, 멸망한 나라들로부터 미인을 모아 궁궐 증축을 거듭하였다. 이렇게 영광에 빠지면서도 북방 및 북서쪽 유목민은 잔멸하지 못하여 방위책을 강구하는 데에도 주력. 북방 방위를 위해 과거 400년에 걸쳐 초나 중산국 등 각국이 강이나 절벽을 연결시킨 소규모 국경의 장벽을 연결하여 거대한 방위벽 건설을 시작. 현재 만리장성의 전신이 되었다.

#006

출생 – 사망
기원전 259 – 기원전 210

출생지
중국

분류
황제

시황제(始皇帝)
Qin Shi Huang

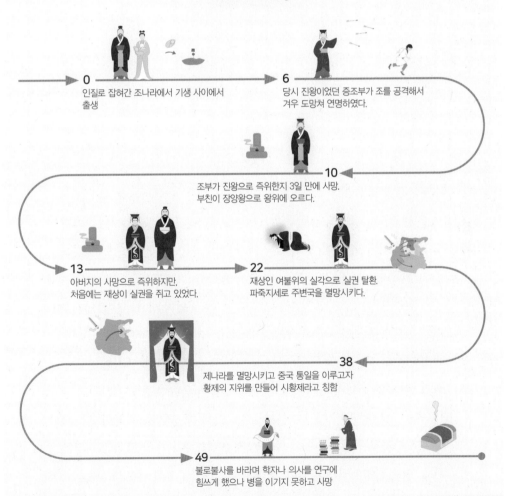

0 인질로 잡혀간 조나라에서 기생 사이에서
출생

6 당시 진왕이었던 증조부가 조를 공격해서
겨우 도망쳐 연명하였다.

10 조부가 진왕으로 즉위한지 3일 만에 사망.
부친이 장양왕으로 왕위에 오르다.

13 아버지의 사망으로 즉위하지만,
처음에는 재상이 실권을 쥐고 있었다.

22 재상인 여불위의 실각으로 실권 탈환.
파죽지세로 주변국을 멸망시키다.

38 제나라를 멸망시키고 중국 통일을 이루고자
황제의 지위를 만들어 시황제라고 칭함

49 불로불사를 바라며 학자나 의사를 연구에
힘쓰게 했으나 병을 이기지 못하고 사망

방법을 찾는다
없으면 만든다

연전연승의 전력부터 카르타고가 멸망한 후에도 로마 역사상 최강의 적으로 후세까지 전해지고 있다. '한니발 전역'이라고 불리우는 제2차 포에니 전쟁에서는 5만의 보병과 30두의 코끼리 대군을 이끌고 전대미문의 알프스 산맥을 넘기를 강행. 눈이 흩날리는 9월, 코끼리는 날뛰고 겁에 질린 사람도 많고, 피로나 추락 사고로 약 반 정도의 병사를 잃으면서도 한니발은 그들을 질타하며 격려. 도중에 갈리아인을 자기편으로 끌어들이지 않고도 이탈리아에 도달하여 승리를 거둔다. 이것이 가능했던 것은 그가 전술가로서의 재주가 있었기 때문이다. 험난한 일에도 역모하는 자가 생겨나지 않았던 것은 한니발이 비길 데 없는 사람이기 때문이다. 모두를 질타하고 격려하면서 의욕을 불어넣는 재주가 뛰어났던 것이다. 지금도 그의 전술은 연구 대상이 될 정도로 전술가로서의 평가가 높다.

#007

출생 – 사망
기원전 247 – 기원전 183

출생지
튀니지

분류
장군

한니발
Hannibal

0
카르타고의 장군, 해밀카르 바르카의 장자로
카르타고에서 태어남

9
카르타고의 최고신 바알신의 신전에서
로마와 계속 싸울 것을 맹세하다.

28
로마의 동맹 시 사군툼을 공격하여
제2차 포에니 전쟁으로 끌고 가다.

26
의형이 암살됨에 따라 26세의 젊은 나이에
군사령관에 임명되다.

29
로마와 개전. 적을 배후에서 공격하기 위해
알프스 산맥을 넘다.

31
칸나이 전투에서 승리. 5~7만 명의 로마군을
전멸시키다.

52
반 한니발파가 카르타고 국내에 대두하여
시리아로 망명하다.

45
한니발의 전술을 연구한 로마 명장 상대에게
자마 전투에서 패배

57
로마의 추적자를 피하기 위해
비티니아 왕국으로 망명하다.

64
결국 로마에 잡혀갈 위기에 처하자
비티니아 왕국에서 자결하다.

학문보다 창조다
창조야말로
삶의 본질인 것이다

로마 공화정 말기의 정치가이자 장군인 폼페이우스, 크라수스와 함께
제1차 삼두정치를 성립시킨 카이사르. 이후 갈리아 전쟁에서 명성을 날
린 후 원로원인 폼페이우스와 대립, 내전에서 승리하였고, 기원전 46년
에는 독재적인 권력을 가지게 되었다. 그러나 기원전 44년, 공화파에 의
해 암살되어 56년의 생애를 마감하게 된다. 로마 원로원의 권력을 약화
시키고 고대에 있어서 세계 최대 규모의 제국에 기반을 닦은 것으로 알
려져 있으며, 그는 뛰어난 연설가이다. 또한 '갈리아전기', '내란기'라는
두 전사를 남긴 문필가로서의 면모도 지니고 있다. 이 두 작품은 현재까
지도 당시 로마의 역사를 알 수 있는 가장 중요한 자료가 되고 있다.

#008

출생 – 사망
기원전 100 – 기원전 44

출생지
이탈리아

분류
정치가

카이사르
Gaius Julius Caesar

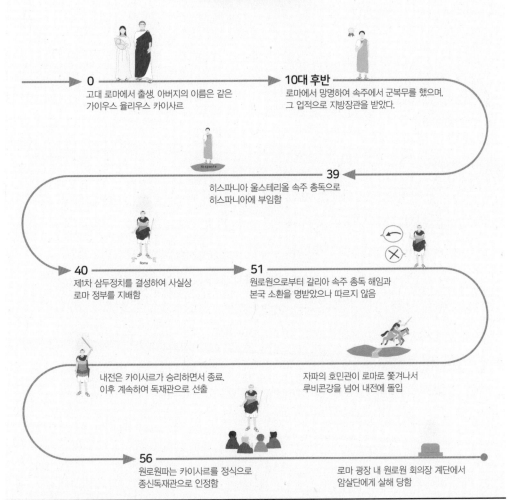

0
고대 로마에서 출생. 아버지의 이름은 같은
가이우스 율리우스 카이사르

10대 후반
로마에서 망명하여 속주에서 군복무를 했으며,
그 업적으로 지방장관을 받았다.

39
히스파니아 울스테리올 속주 총독으로
히스파니아에 부임함

40
제1차 삼두정치를 결성하여 사실상
로마 정부를 지배함

51
원로원으로부터 갈리아 속주 총독 해임과
본국 소환을 명받았으나 따르지 않음

내전은 카이사르가 승리하면서 종료,
이후 계속하여 독재관으로 선출

자파의 호민관이 로마로 쫓겨나서
루비콘강을 넘어 내전에 돌입

56
원로원파는 카이사르를 정식으로
종신독재관으로 인정함

로마 광장 내 원로원 회의장 계단에서
암살단에게 살해 당함

자신을 사랑하듯이
네 이웃을 사랑하라

기독교의 시조로 알려진 예수가 선교를 시작한 것은 서른 살 무렵. 세례 요한에게서 세례를 받은 후 베드로를 비롯한 12명의 제자들과 활동하게 되었다. 그 가르침은 '회개하라. 하늘이 가까워졌으니' (마태 4장 17절)이다. 즉 '자신의 죄를 회개하고 신을 믿으면 천국에 갈 수 있다'고 포교하였다. 그러나 스스로를 신의 아들이라고 주장함에 따라 유대 종교 지도자에게 '신을 모욕한다'라는 이유로 붙잡혀 유대 지방의 정치적 지배자였던 로마 총독에게 끌려가 십자가에 못 박혀 형을 받았다. 그리고 사후 3일 만에 부활(했다고 여겨짐)하여 예수를 메시아(구세주)로 한 기독교가 출생했다.

#009

출생 – 사망
기원전 4년 경 – 기원후 30년경

출생지
팔레스타인

분류
지도자

예수
Jesus Christ

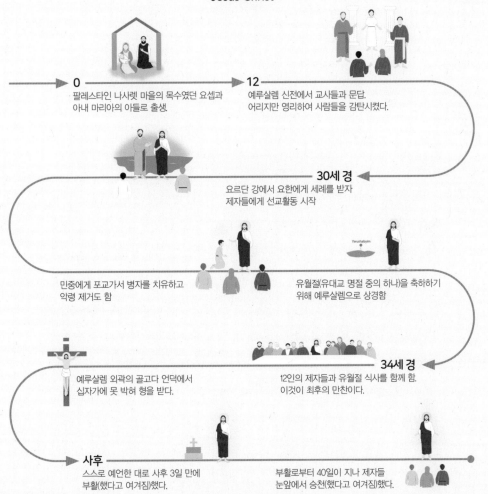

0
팔레스타인 나사렛 마을의 목수였던 요셉과
아내 마리아의 아들로 출생.

12
예루살렘 신전에서 교사들과 문답.
어리지만 영리하여 사람들을 감탄시켰다.

30세 경
요르단 강에서 요한에게 세례를 받자
제자들에게 선교활동 시작

민중에게 포교가서 병자를 치유하고
악령 제거도 함

유월절(유대교 명절 중의 하나)을 축하하기
위해 예루살렘으로 상경함

예루살렘 외곽의 골고다 언덕에서
십자가에 못 박혀 형을 받다.

34세 경
12인의 제자들과 유월절 식사를 함께 함.
이것이 최후의 만찬이다.

사후
스스로 예언한 대로 사후 3일 만에
부활(했다고 여겨짐)했다.

부활로부터 40일이 지나 제자들
눈앞에서 승천(했다고 여겨짐)했다.

배우는 것만으로도 재능은 꽃이 핀다
뜻이 없으면 학문의 완성은 없다

중국 삼국시대에 존재한 국가 촉한의 승상(군주를 보좌하고 정무를 보는 고관). 중국의 역사에서 충신으로 유명하다. 이름은 량이고 호는 '공명'으로 알려져 있다. 젊은 시절에는 후베이성 샹양의 서쪽에서 자경하고 청경우독의 생활을 하였으나 세 번 설득하러 와 준 유비를 섬기게 된다. 이것을 '삼고초려'라고 하여 두고두고 구전되고 있다. 유비를 섬긴 제갈량은 삼국지의 전략안인 '천하삼분'의 계책을 세워 유비를 도와 적벽대전에서 조조(위나라의 시조)를 무찌르고 결국 유비를 촉한의 주인으로 삼았다. 유비의 사후는 그의 아들인 유선을 도와 위나라와 싸우면서 운남까지도 출병한다. 그 출정 때 올렸다는 '출사표'(신하가 출군할 때에 군주에게 올리는 문서)는 명문으로 알려져 있다.

#010

출생 – 사망
181 – 234

출생지
중국

분류
지도자

제갈량(諸葛亮)
Zhuge Liang

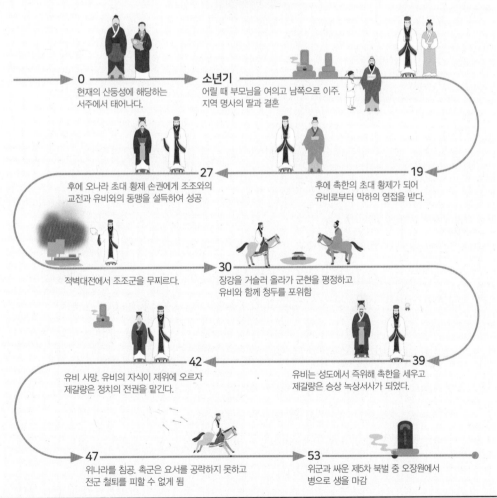

0
현재의 산둥성에 해당하는
서주에서 태어나다.

소년기
어릴 때 부모님을 여의고 남쪽으로 이주.
지역 명사의 딸과 결혼

19
후에 촉한의 초대 황제가 되어
유비로부터 막하의 영접을 받다.

27
후에 오나라 초대 황제 손권에게 조조와의
교전과 유비와의 동맹을 설득하여 성공

적벽대전에서 조조군을 무찌르다.

30
장강을 거슬러 올라가 군현을 평정하고
유비와 함께 청두를 포위함

39
유비는 성도에서 즉위해 촉한을 세우고
제갈량은 승상 녹상서사가 되었다.

42
유비 사망. 유비의 자식이 제위에 오르자
제갈량은 정치의 전권을 맡긴다.

47
위나라를 침공. 촉군은 요서를 공략하지 못하고
전군 철퇴를 피할 수 없게 됨

53
위군과 싸운 제5차 북벌 중 오장원에서
병으로 생을 마감

부는 가히 많은 재산 때문이 아니라
만족한 마음에서이다

이슬람교의 개조, 군사 지도자, 정치가로 알려짐. 아라비아 반도의 상업도시 메카의 지배부족인 쿠라이시족의 하심 가문에서 유복자로 출생했다. 25살 무렵, 15살 연상의 부유한 과부와 결혼하면서 생활의 여유가 생기자 종종 동굴에서 명상에 잠기게 된다. 그러던 어느 날 대천사 가브리엘로부터 '무함마드여, 당신은 신의 사자입니다'라는 소리를 듣고 신의 계시를 받은 무함마드. 그것이 계기가 되어 사람들에게 이슬람을 가르치게 되었다. 이슬람교에서는 모세, 예수 등에 이은 마지막으로 최고의 예언자인 한편 사도로 여겨지고 있다. 또한 아라비아 반도에 이슬람 국가를 세운 점 등으로 볼 때 군인으로서의 평가도 높다.

#011

출생 – 사망
570 – 632

출생지
사우디아라비아

분류
지도자

무함마드
Muhammad

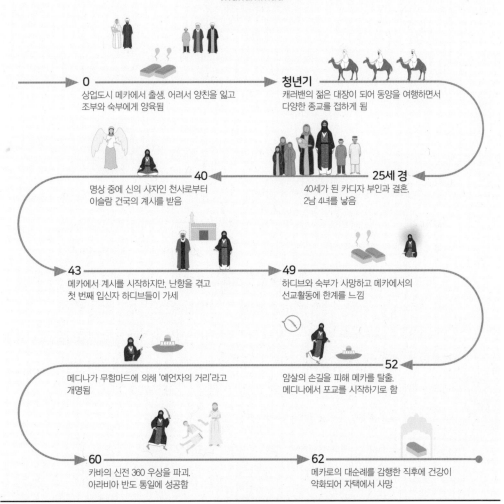

0
상업도시 메카에서 출생. 어려서 양친을 잃고
조부와 숙부에게 양육됨

청년기
캐러밴의 젊은 대장이 되어 동양을 여행하면서
다양한 종교를 접하게 됨

40
명상 중에 신의 사자인 천사로부터
이슬람 건국의 계시를 받음

25세 경
40세가 된 카디자 부인과 결혼.
2남 4녀를 낳음

43
메카에서 계시를 시작하지만, 난항을 겪고
첫 번째 입신자 하디브들이 가세

49
하디브와 숙부가 사망하고 메카에서의
선교활동에 한계를 느낌

메디나가 무함마드에 의해 '예언자의 거리'라고
개명됨

52
암살의 손길을 피해 메카를 탈출.
메디나에서 포교를 시작하기로 함

60
카바의 신전 360 우상을 파괴.
아라비아 반도 통일에 성공함

62
메카로의 대순례를 감행한 직후에 건강이
약화되어 자택에서 사망

하늘이 나를 낳아준 이상
반드시 어떤 도움이 될 수 있다
천금을 쏟아 부어도 다시 돌아온다

중국 왕조 당나라 때 술을 사랑한 유랑 시인으로 알려져 있다. 천재적인 번뜩임을 가진 색채감이 풍부한 한시를 창작했다. 20대에는 떠돌이 여행을 떠났고, 어린 시절을 보낸 촉나라를 떠나 장강의 중·하류 지역을 중심으로 방랑하였다. 이 무렵에 읊었던 '아미산월가', '황학루에서 맹호연의 광릉에 이치를 보낸다'는 모두 한시 교과서에도 실리는 경우가 많은 명작으로 알려져 있다. 이후 시가 짓기만으로 살아갈 수 없게 되어 장안에서 현종황제를 섬기기 시작하며 중궐에서도 문인활동으로 유명하게 되었다. 그러나 2년 만에 궁궐에서 쫓겨나자 동시대 시인 두보를 만나 둘이서 1년 반의 여행을 하며 절차탁마하게 되었다. 이백과 두보는 중국이 낳은 가장 위대한 시인으로 꼽힌다. 이백은 '시선', 두보는 '시성' 으로 불리고 있다.

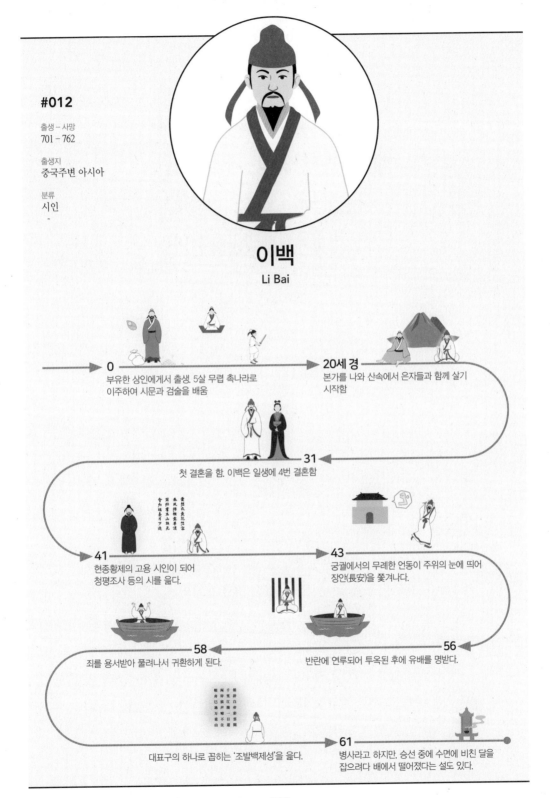

#012

출생 – 사망
701 – 762

출생지
중국주변 아시아

분류
시인
-

이백
Li Bai

0
부유한 상인에게서 출생. 5살 무렵 촉나라로
이주하여 시문과 검술을 배움

20세 경
본가를 나와 산속에서 은자들과 함께 살기
시작함

31
첫 결혼을 함. 이백은 일생에 4번 결혼함

41
현종황제의 고용 시인이 되어
청평조사 등의 시를 읊다.

43
궁궐에서의 무례한 언동이 주위의 눈에 띄어
장안(長安)을 쫓겨나다.

58
죄를 용서받아 풀려나서 귀환하게 된다.

56
반란에 연루되어 투옥된 후에 유배를 명받다.

61
대표구의 하나로 꼽히는 '조발백제성'을 읊다.

병사라고 하지만, 승선 중에 수면에 비친 달을
잡으려다 배에서 떨어졌다는 설도 있다.

올바른 행동은 지식보다 우월하다
그러나 옳은 일을 하려면
무엇이 옳은지를 알아야 한다

캐롤링 왕조 프랑크 왕국의 국왕이자 후에 로마황제도 겸임하였고, 초기 중세 서구 최대의 통치자 중 한 명이다. 사회경제적으로나 인종적으로 크게 다른 여러 지역을 하나의 왕국으로 연결한 것은 현재의 유럽연합으로 이어졌다고 해도 무방하다. 고전 로마, 기독교, 게르만 문화의 융합을 구현한 것으로, 중세 이후 기독교 유럽 왕국의 태조로 취급되었고, '유럽의 아버지'로도 불린다. 또한 국가의 지적 문화적 교류에도 힘써 아르쿠인이나 아인하르트 같은 지식인을 이용해 카롤링왕조 르네상스의 기초를 마련했다. 칼 대제가 사망한 후, 베르단 조약으로 프랑크 왕국은 분열. 그 후 프랑크 왕국을 바탕으로 신성 로마제국, 프랑스 왕국, 베네룩스, 이탈리아 국가들이 탄생했다.

#013

출생 – 사망
742 – 814

출생지
불명

분류
국왕

칼 대제
Charles the Great

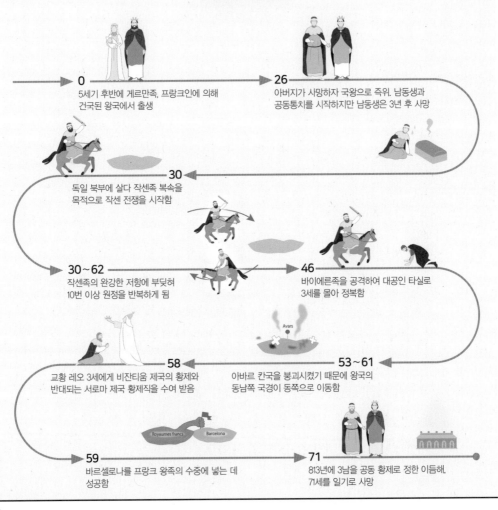

0
5세기 후반에 게르만족, 프랑크인에 의해
건국된 왕국에서 출생

26
아버지가 사망하자 국왕으로 즉위. 남동생과
공동통치를 시작하지만 남동생은 3년 후 사망

30
독일 북부에 살다 작센족 복속을
목적으로 작센 전쟁을 시작함

30~62
작센족의 완강한 저항에 부딪혀
10번 이상 원정을 반복하게 됨

46
바이에른족을 공격하여 대공인 타실로
3세를 몰아 정복함

58
교황 레오 3세에게 비잔티움 제국의 황제와
반대되는 서로마 제국 황제직을 수여 받음

53~61
아바르 칸국을 붕괴시켰기 때문에 왕국의
동남쪽 국경이 동쪽으로 이동함

59
바르셀로나를 프랑크 왕족의 수중에 넣는 데
성공함

71
813년에 3남을 공동 황제로 정한 이듬해,
71세를 일기로 사망

질투란
적당히 하는 것이 좋다

헤이안 중기의 이야기 작가, 시인. 36가선의 한 사람으로, 아버지는 한문학자였던 후지와라노 다메토키이다. 어린 시절 어머니가 사망하여 아버지의 손에서 자란 무라사키 시키부는 어릴 때부터 천재로 알려져 있었다. 하지만 창작을 시작한 것은 결혼 후, 불과 3년 만에 남편과 사별한 슬픔을 극복하기 위해 쓰기 시작한 '겐지모노가타리'는 헤이안 시대를 대표하는 장편소설로 지금까지도 읽혀지고 있다. 당대 최고의 미남 히카루 겐지를 주인공으로 한 이 이야기는 54첩으로 이루어져 있다. '겐지모노가타리' 외에는 여관시대의 생활을 쓴 '무라사키 시키부 일기' 등의 작품도 집필했다. 이 작품에서도 밝혔지만 무라사키 시키부는 여관생활에 익숙하지 않았다고 여기고 있으며 그 동시대에 활약했던 세이 쇼나곤과는 대조적이었다. 또한 동시대 여류문학자인 이즈미 시키부나 아카조메 에몬 등과 비교되기도 한다.

#014

출생 - 사망
973년 경 - 1014년 경

출생지
일본

분류
작가, 시인

무라사키 시키부(紫式部)
Murasaki Shikibu

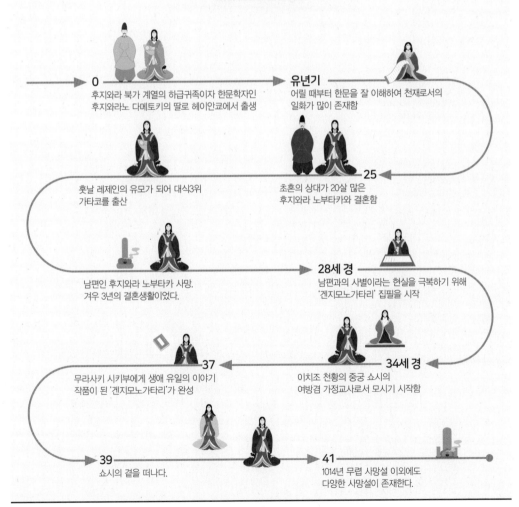

0
후지와라 북가 계열의 하급귀족이자 한문학자인
후지와라노 다메토키의 딸로 헤이안쿄에서 출생

유년기
어릴 때부터 한문을 잘 이해하여 천재로서의
일화가 많이 존재함

25
초혼의 상대가 20살 많은
후지와라 노부타카와 결혼함

훗날 레제인의 유모가 되어 대식3위
가타코를 출산

남편인 후지와라 노부타카 사망.
겨우 3년의 결혼생활이었다.

28세 경
남편과의 사별이라는 현실을 극복하기 위해
'겐지모노가타리' 집필을 시작

37
무라사키 시키부에게 생애 유일의 이야기
작품이 된 '겐지모노가타리'가 완성

34세 경
이치조 천황의 중궁 쇼시의
여방겸 가정교사로서 모시기 시작함

39
쇼시의 곁을 떠나다.

41
1014년 무렵 사망설 이외에도
다양한 사망설이 존재한다.

예술가로서는 일류로
글과 그림에 재능이 있었을 뿐만 아니라
예술가 보호에도 주력하여 풍류천자라고 불리었다

중국 왕조 북송의 제8대 황제. 재위 기간은 1100년부터 1125년. 예술을 보호하고 서화를 중심으로 문화를 발전시킨 공적이 있는데 예술에 빠져 정치에는 무관심. 친정을 하게 되어 신법을 채택했지만 통치는 점차 재상 채경에게 맡기고 돈을 흥청망청 써서 재정난을 초래했다. 이로 인해 방납의 난 등 농민반란이 일어나 북송은 약화되었다.

1125년에는 금군에 의해 수도가 포위되고 퇴위의 쓰라림을 겪었다. 또한 1127년 '정강의 변'으로 금에 사로잡혀 수도로 연행되어 그 곳에서 죽었다. 문인, 화인으로서의 재능은 높이 평가받고 있으며 독자적인 서체 수금체를 창출하고 회화에서는 원체화를 완성시켰다. 그가 그린 '도구도'는 국보로 지정되어 있으며, 고대의 예제 부활을 도모할 수 있도록 '정화오례신의'를 편찬한 것으로도 알려져 있다.

#015

출생 – 사망
1082 – 1135

출생지
중국

분류
황제

휘종(徽宗)
Hui Zong

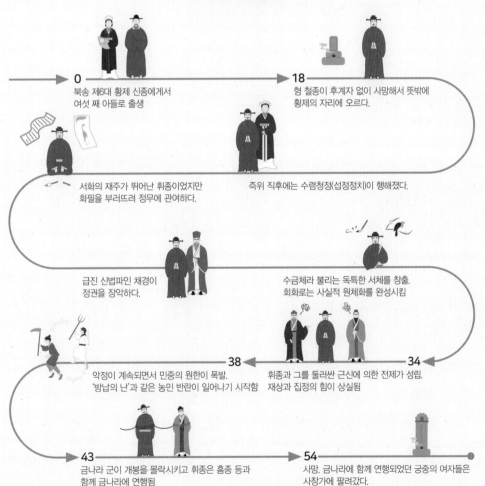

0 북송 제6대 황제 신종에서 여섯 째 아들로 출생

18 형 철종이 후계자 없이 사망해서 뜻밖에 황제의 자리에 오르다.

서화의 재주가 뛰어난 휘종이었지만 화필을 부러뜨려 정무에 관여하다.

즉위 직후에는 수렴청정(섭정정치)이 행해졌다.

급진 신법파인 채경이 정권을 장악하다.

수금체라 불리는 독특한 서체를 창출. 회화로는 사실적 원체화를 완성시킴

38 악정이 계속되면서 민중의 원한이 폭발. '방납의 난'과 같은 농민 반란이 일어나기 시작함

휘종과 그를 둘러싼 근신에 의한 전제가 성립. 재상과 집정의 힘이 상실됨

34

43 금나라 군이 개봉을 몰락시키고 휘종은 흠종 등과 함께 금나라에 연행됨

54 사망. 금나라에 함께 연행되었던 궁중의 여자들은 사창가에 팔려갔다.

이슬람권 최대의 영웅으로 꼽히지만
출신은 쿠르드인이었다
또 유럽에서도 십자군과 싸운 남자로
현재까지도 특별한 평가를 받고 있다

이슬람교국 아이유브 왕조를 건국한 지도자. 이슬람 신학을 닦고 젊은 나이에 이집트의 재상으로 취임하게 되었다. 더욱이 주군인 다마스쿠스의 장기 왕조 누레딘이 사망하자 1174년 다마스쿠스에 무혈입성을 완수하고 시리아도 병합. 카이로와 다마스쿠스를 누른 뒤, 이집트에서부터 시리아에 이르는 이슬람 세계는 살라딘을 최고 지도자로 추앙하게 되었다. 신앙심이 강했던 살라딘은 수나파를 믿었기 때문에 파티마 왕조의 시아파 세력을 완전히 배제하고 이집트의 수나파를 진행시켰다. 1187년에는 예루살렘을 탈환. 이때 십자군에 비해 불필요한 살상을 입히지 않았으며 십자군의 기독교인들 사이에도 의로운 영웅으로 명성을 떨쳤다.

#016

출생 – 사망
1137(1138) – 1193

출생지
이라크

분류
지도자

살라딘
Saladin

0
이라크 티크리트에서 쿠르드 족의 귀족인
나즘 앗 딘의 장남으로 태어남

출생 직후
숙부인 시르쿠가 살인을 범하여 일족이
모두 조국에서 쫓겨나다.

25
예루살렘이 이집트에 침공 시작.
아버지와 숙부가 구하러 달려감

31
이집트가 혼란스러운 가운데 재상에
올라 마침내 왕에 즉위하다.

50
십자군이 팔레스타인에 수립한 예루살렘
왕국을 구축

54
끝까지 남아 있던 리처드 1세와
휴전협정을 맺다.

51
리처드 1세, 필리프 2세가
제3차 십자군과 싸우다.

55 or 56
예루살렘에 기독교도 순례자를 인정하기로
합의한 후 사망

신속이
바로 승리다

미나모토노 요시토모, 도키와 고젠의 아들로 태어나 헤이안 시대 말기부터 가마쿠라 시대 초기에 걸쳐 무장으로 활약. 유년기에는 1159년 '헤이지의 난'으로 아버지인 요시토모가 패사한 뒤 도망을 시도한 후 머지않아 어머니와 함께 다이라노 기요모리 아래에서 지내게 된다. 그 후 교토에 있는 구라마데라에 맡겨졌지만, 승려가 되기 위한 수행을 싫어하여 후지와라노 히데히라를 의지해 오슈 히라이즈미로 내려갔다. 그리고 형인 요리토모가 거병하고 거기에 가세하여 기소(미나모토노) 요시나카를 무너뜨렸다. 계속되는 이치노타니 전투나 단노우라 전투에서는 헤이시를 무너뜨리는 등 지휘관으로서의 재능을 꽃피웠다.

형과 대립하게 되면서 다시 히데히라에게 몸을 의탁하지만 히데히라가 죽은 후 아들 타이헤이에게 습격 당해 의천관에서 자해하였다. 어릴 적에 불리던 '우시 와카마루'라는 이름도 유명하다.

#017

출생 – 사망
1159 – 1189

출생지
일본

분류
무장

미나모토노 요시쓰네(源義經)
Minamoto No Yoshitsune

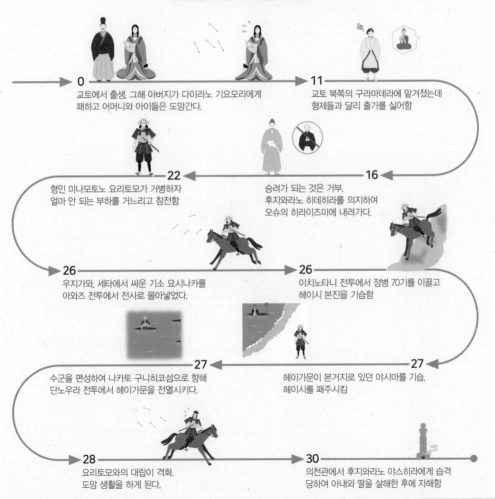

0
교토에서 출생. 그해 아버지가 다이라노 기요모리에게
패하고 어머니와 아이들은 도망간다.

11
교토 북쪽의 구라마데라에 맡겨졌는데
형제들과 달리 출가를 싫어함

16
승려가 되는 것은 거부.
후지와라노 히데히라를 의지하여
오슈의 히라이즈미에 내려가다.

22
형인 미나모토노 요리토모가 거병하자
얼마 안 되는 부하를 거느리고 참전함

26
우지가와, 세타에서 싸운 기소 요시나카를
아와즈 전투에서 전사로 몰아넣었다.

26
이치노타니 전투에서 정병 70기를 이끌고
헤이시 본진을 기습함

27
수군을 편성하여 나카토 구니히코섬으로 향해
단노우라 전투에서 헤이가문을 전멸시키다.

27
헤이가문이 본거지로 있던 야시마를 기습.
헤이시를 패주시킴

28
요리토모와의 대립이 격화.
도망 생활을 하게 된다.

30
의천관에서 후지와라노 야스히라에게 습격
당하여 아내와 딸을 살해한 후에 자해함

분노대로 한 행동은
반드시 실패한다

몽골제국의 초대 황제. 여러 유목부족이 난립해 서로 싸움을 거듭하던 시대에 당대에 몽골을 통일. 더불어 중국이나 중앙아시아, 이란, 동유럽까지 정복을 시작으로 전성기에는 전 세계 인구의 절반 이상을 통치하기에 이르렀다. 현재까지도 이 기록은 깨지지 않은 것으로 몽골제국은 인류사상 최대 규모의 세계제국이었다. 주된 정복 활동은 1211년에 시작된 제1차 대금전쟁, 1219년부터 1225년까지 지속된 '서방원정', 1226년에 일어난 '서하원정'이다(단, 이 다음해에 별세함). 현재까지도 몽골에서는 신으로 추앙받고 있으며, 국가 창건의 영웅으로서 추앙받고 있다. 몽골 전승에 따르면 그 조상은 푸른 늑대를 아버지로, 흰 화록을 어머니로 태어났다고 되어 있다.

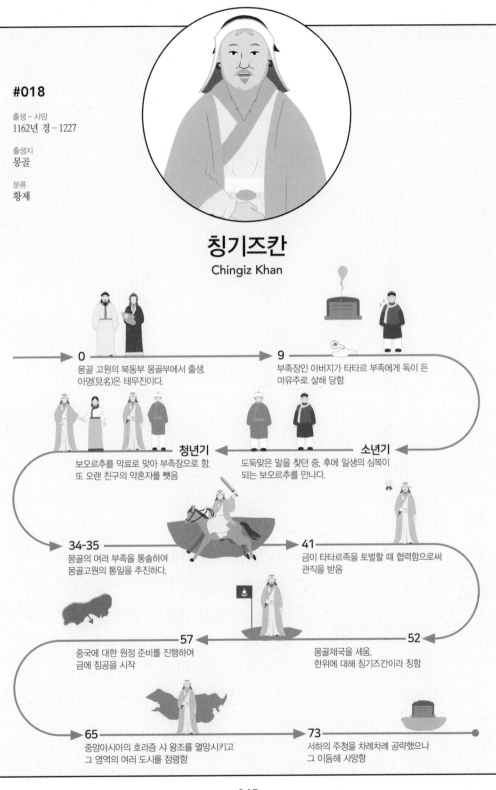

#018

출생 – 사망
1162년 경 – 1227

출생지
몽골

분류
황제

칭기즈칸
Chingiz Khan

0
몽골 고원의 북동부 몽골부에서 출생.
아명(兒名)은 테무진이다.

9
부족장인 아버지가 타타르 부족에게 독이 든
마유주로 살해 당함

청년기
보오르추를 막료로 맞아 부족장으로 함.
또 오랜 친구의 약혼자를 뺏음

소년기
도둑맞은 말을 찾던 중, 후에 일생의 심복이
되는 보오르추를 만나다.

34-35
몽골의 여러 부족을 통솔하여
몽골고원의 통일을 추진하다.

41
금이 타타르족을 토벌할 때 협력함으로써
관직을 받음

57
중국에 대한 원정 준비를 진행하여
금에 침공을 시작

52
몽골제국을 세움.
한위에 대해 칭기즈칸이라 칭함

65
중앙아시아의 호라즘 샤 왕조를 멸망시키고
그 영역의 여러 도시를 점령함

73
서하의 주청을 차례차례 공략했으나
그 이듬해 사망함

사람의 사고가 어떤 노력을 해도
파리 한 마리의 본질조차
밝힐 수가 없다

11~12세기에 시작되고, 13~14세기에는 중세 유럽 사상의 중심이었던 스콜라학을 대표하는 토마스 아퀴나스. '스콜라'란, '교회·수도원에 부속된 학교'를 총칭한다. 영어 school의 어원이 되는 말. 이 시대의 유럽에서는 모든 학문은 스콜라에서 배우며 연구되는 것이었다. 토마스는 도미니크회 수도사에서 파리 대학교수로 출세하여 아리스토텔레스 철학을 기독교 신앙에 조화롭게 해석함으로써 신앙과 이성의 일치를 지향했다. 그리고 스콜라 철학으로 논할 수 있는 보편논쟁에서는 정통적인 실재론을 더욱 발전시킴으로써 스콜라 철학을 대성한 것으로 알려져 있다. 그의 대표적인 저서는 '신학대전'. 이 책에서 신의 존재와 교회의 정통성을 논증했다.

#019

출생 – 사망
1224(1225) – 1274

출생지
이탈리아

분류
신학자, 철학자

토마스 아퀴나스
Thomas Aquinas

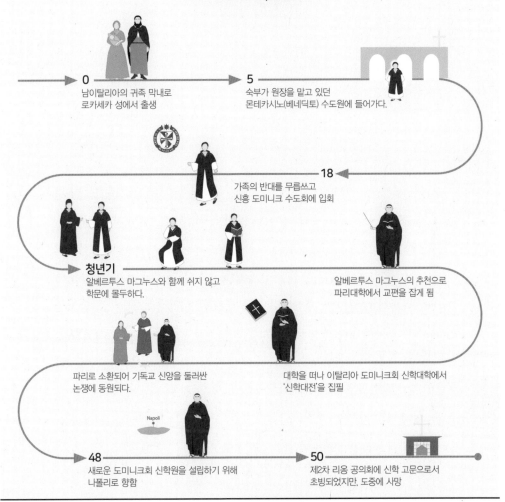

0
남이탈리아의 귀족 막내로
로카세카 성에서 출생

5
숙부가 원장을 맡고 있던
몬테카시노(베네딕토) 수도원에 들어가다.

18
가족의 반대를 무릅쓰고
신흥 도미니크 수도회에 입회

청년기
알베르투스 마그누스와 함께 쉬지 않고
학문에 몰두하다.

알베르투스 마그누스의 추천으로
파리대학에서 교편을 잡게 됨

파리로 소환되어 기독교 신앙을 둘러싼
논쟁에 동원되다.

대학을 떠나 이탈리아 도미니크회 신학대학에서
'신학대전'을 집필

48
새로운 도미니크회 신학원을 설립하기 위해
나폴리로 향함

50
제2차 리옹 공의회에 신학 고문으로서
초빙되었지만, 도중에 사망

와인의 달콤함은
제각기 다른 장점을 가지고 있다
사람도 마찬가지

베네치아 공화국(현재의 이탈리아) 태생으로 모험가. 1271년 원나라(중국)로 출발. 그 때부터 24년 간에 걸쳐 아시아 각지를 여행했다. 중국으로 향한 후에는 원래의 상도에 도착. 당시 원나라 황제였던 쿠빌라이 칸에게 후대받아 17년 간 현지에 체재, 쿠빌라이를 섬기며 각지를 여행했다. 1295년에는 해로로 인도 등을 거쳐 베네치아로 귀국하여 제노바와의 전쟁에서 포로가 되는 것을 지원. 옥중 포로 동료에게 여정을 이야기하고 '세계의 기술(동방견문록)'을 쓰게 하여 동양 사정을 유럽에 소개했다. 이때 구술필기를 담당한 것은 이야기 작가 루스티켈로 다 피사(Rustichello da Pisa)로 마르코 폴로의 이야기 재미에 붓이 멈추지 않았다고 전해진다. 책에는 일본을 '황금의 나라 지팡그'로 소개하고 있다.

#020

출생 – 사망
1254 – 1324

출생지
이탈리아

분류
모험가

마르코 폴로
Marco Polo

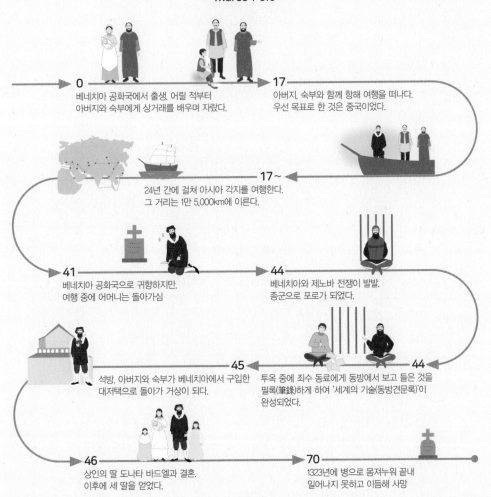

0
베네치아 공화국에서 출생. 어릴 적부터
아버지와 숙부에게 상거래를 배우며 자랐다.

17
아버지, 숙부와 함께 항해 여행을 떠나다.
우선 목표로 한 것은 중국이었다.

17~
24년 간에 걸쳐 아시아 각지를 여행한다.
그 거리는 1만 5,000km에 이른다.

41
베네치아 공화국으로 귀향하지만,
여행 중에 어머니는 돌아가심

44
베네치아와 제노바 전쟁이 발발.
종군으로 포로가 되었다.

45
석방. 아버지와 숙부가 베네치아에서 구입한
대저택으로 돌아가 거상이 된다.

44
투옥 중에 죄수 동료에게 동방에서 보고 들은 것을
필록(筆錄)하게 하여 '세계의 기술(동방견문록)'이
완성되었다.

46
상인의 딸 도나타 바드엘과 결혼.
이후에 세 딸을 얻었다.

70
1323년에 병으로 몸져누워 끝내
일어나지 못하고 이듬해 사망

칭기즈칸은 파괴하고
티무르는 건설했다

몽골제국의 한 국가 중 하나인 차가타이한국, 14세기 중반에 동서로 분열되었다가 그 후, 통합해 한 때 기세를 회복하여 중앙아시아에 진출. 그 군에 종군하고 있던 사람이, 몽골계의 부족 출신인 티무르였다. 티무르는 차가타이한국의 내분을 틈타 1370년 중앙아시아에 티무르 왕조를 건국. 스스로 아미르(이슬람교 지도자를 뜻함)라고 칭하며, 이슬람 수나파를 받들어 일찍이 칭기즈칸에 의해 파괴된 사마르칸드를 부흥시켜 수도로 하였다. 또한 그 이전 티무르의 동향에 대해서는 신빙성이 높은 기록은 극히 적다. 또한 현재 티무르는 터키계 민족의 영웅으로서 특히 우즈베키스탄 공화국에서는 국민 통합의 상징으로 여겨지고 있다.

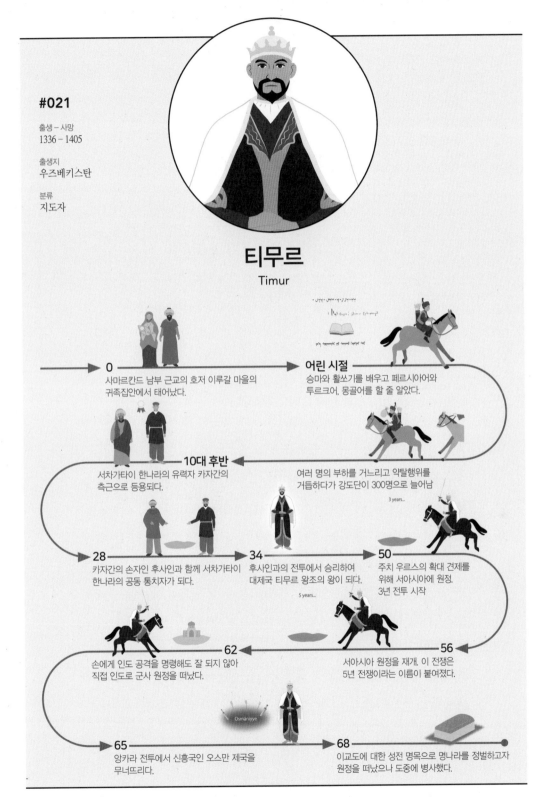

출생 – 사망
1336 – 1405

출생지
우즈베키스탄

분류
지도자

티무르
Timur

0
사마르칸드 남부 근교의 호저 이루갈 마을의
귀족집안에서 태어났다.

어린 시절
승마와 활쏘기를 배우고 페르시아어와
투르크어, 몽골어를 할 줄 알았다.

10대 후반
서차가타이 한나라의 유력자 카자간의
측근으로 등용되다.

여러 명의 부하를 거느리고 약탈행위를
거듭하다가 강도단이 300명으로 늘어남

3 years...

28
카자간의 손자인 후사인과 함께 서차가타이
한나라의 공동 통치자가 된다.

34
후사인과의 전투에서 승리하여
대제국 티무르 왕조의 왕이 된다.

5 years...

50
주치 우르스의 확대 견제를
위해 서아시아에 원정.
3년 전투 시작

62
손에게 인도 공격을 명령해도 잘 되지 않아
직접 인도로 군사 원정을 떠났다.

56
서아시아 원정을 재개. 이 전쟁은
5년 전쟁이라는 이름이 붙여졌다.

Osmâniyye

65
앙카라 전투에서 신흥국인 오스만 제국을
무너뜨리다.

68
이교도에 대한 성전 명목으로 명나라를 정벌하고자
원정을 떠났으나 도중에 병사했다.

'구텐베르크 성서'는
서양 최초의 인쇄성경으로 대부분의 페이지가
42행 짜리로 되어 있기 때문에
'42행 성서'라고도 한다

활판 인쇄 기술의 발명가로 알려진 금속 가공 장인. 마인츠 귀족 가문에서 태어나 젊은 시절에는 장식직 길드에 들어가 금속세공에 능했다. 이후 스트라스부르크로 옮겨 살면서 현지 체류 중에 와인 압착기를 활용해 활판 인쇄기를 제작. 주조활자 인쇄 기술을 고안해서 해당 장비의 실용화에도 성공하여 직접 인쇄업, 인쇄물 출판업을 창업. 작품은 '구테베르크 성서', '36행 성서' 등. 다음해에는 42행 활자보다 더 작은 활자로 '카트리콘'을 인쇄. 인류 문명에 대한 공헌도가 커서 활판 인쇄, 나침반, 화약은 '르네상스 3대 발명'이라고 불리고 있다. 이 발명에 의해 원래의 문장을 베껴서 세상에 널리 퍼졌던 시대보다 훨씬 빠른 속도로 책을 출판할 수 있게 되는 동시에 정보 전달 속도도 빨라졌다.

#022

출생 – 사망
1398년 경 – 1468

출생지
독일

분류
금세공사, 인쇄업자

구텐베르크
Johannes Gutenberg

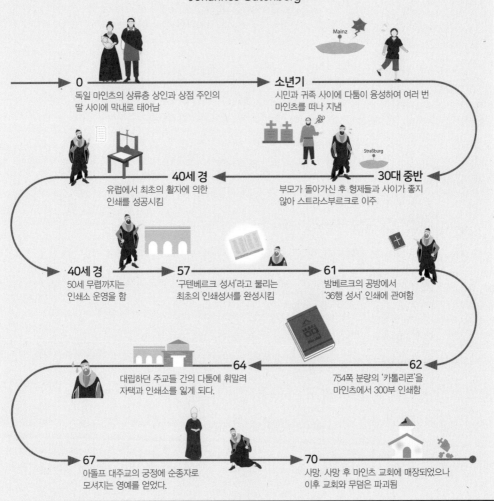

0
독일 마인츠의 상류층 상인과 상점 주인의
딸 사이에 막내로 태어남

소년기
시민과 귀족 사이에 다툼이 융성하여 여러 번
마인츠를 떠나 지냄

40세 경
유럽에서 최초의 활자에 의한
인쇄를 성공시킴

30대 중반
부모가 돌아가신 후 형제들과 사이가 좋지
않아 스트라스부르크로 이주

40세 경
50세 무렵까지는
인쇄소 운영을 함

57
'구텐베르크 성서'라고 불리는
최초의 인쇄성서를 완성시킴

61
밤베르크의 공방에서
'36행 성서' 인쇄에 관여함

64
대립하던 주교들 간의 다툼에 휘말려
자택과 인쇄소를 잃게 되다.

62
754쪽 분량의 '카톨리콘'을
마인츠에서 300부 인쇄함

67
아돌프 대주교의 궁정에 순종자로
모셔지는 영예를 얻었다.

70
사망. 사망 후 마인츠 교회에 매장되었으나
이후 교회와 무덤은 파괴됨

당신이 누군가를 포기하고
신념없이 사는 것은
죽는 것보다 더 슬프다
젊어서 죽는 것보다도

잉글랜드와 프랑스의 백년전쟁 중에 태어났다. 잔이 태어난 마을 동레미에도 잉글랜드 군에 의해 습격받고 슬픔에 잠겨 있던 어느 날, 그녀는 신의 계시를 듣는다. '잉글랜드군과 싸워 프랑스를 구하라. 그리고 샤를 왕세자를 프랑스 국왕으로 즉위시키라'라는 것이다. 일반적인 농가의 딸이었던 잔이었지만 샤를 왕세자를 알현하기 위해 시논에게 전했더니 이례적인 대우로 군 지휘관 중 한 명으로 발탁되어, 백년전쟁에서 프랑스에 있어 중요한 지역이었던 오를레앙의 해방에 성공했다. '프랑스를 지키는 성녀'의 이름을 온 나라에 떨치지만 샤를한테 배반을 당해 악마의 계시를 받은 이단자 등으로 야유를 받고 화형에 처해졌다.

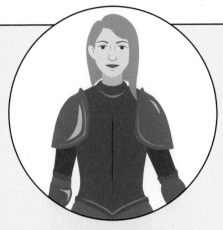

#023

출생 – 사망
1412 – 1431

출생지
프랑스

분류
군인

잔 다르크

Joan of Arc

0
프랑스 북동부의 작은 마을. 동레미에서 출생

유년기
집안은 유복한 농가로 어린 시절은 양을 돌보고 밭일을 하여 지냈다.

16
샤를과 알현. 군인으로서 군사를 이끌고 오를레앙을 해방시킴

12 or 13
'샤를 왕세자를 즉위시켜라'는 신의 계시를 듣다.

17
프랑스 대성당에서 샤를 7세의 대관식이 거행되다.

17
업적을 기려 샤를 7세로부터 귀족의 칭호를 받다.

19
'신의 계시를 들었다'고 주장하여서 종교재판에 회부됨

18
적에게 붙잡혔을 때 샤를 왕으로부터 몸값이 지불되지 않음

19
산 채로 불에 태워지는 화형에 처해지다.

사후 25년
재판의 판결이 파기되어 잔의 명예를 되찾다.

1956년에 스톡홀름에서 열린 세계회의에서 일본인 중 유일하게 '세계 10대 문화인'으로 선정되었다

일본 각지를 여행하면서 중국풍의 수묵산수화를 그린 것으로 알려진 화가로, 축정의 재능이 있어 여러 개의 정원을 꾸민 것으로도 유명하다. 교토에 있는 소코쿠지(相國寺)에서의 수행 시대와 스오(周防)시대를 거쳐 중국 명나라에서 리자이(李在)에게 중국화를 배우고 귀국한 후에는 스오(周防), 분고(豊後), 이와미(石見)에서 그림을 계속 그렸고 미노(美農. 현재의 기후현)와 교토(京都)에서도 많은 작품을 그려나갔다. 셋슈가 그린 그림의 다수는 현재 국보나 중요문화재로 지정되어 있다. 유명한 작품은 추동산수도(秋冬山水圖) (도쿄국립박물관 소장·국보), 파묵산수도(破墨山水圖) (도쿄국립박물관 소장·국보), 천교립도(天橋立圖) (교토국립박물관 소장·국보), 사계화조도병풍(四季花鳥圖屏風) (도쿄국립박물관 소장·중요문화재), 황초평도(黃初平圖) (교토국립박물관 소장·중요문화재) 등

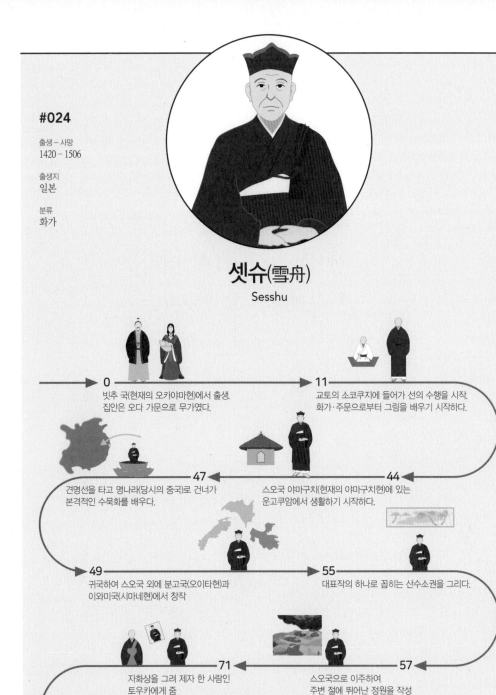

#024

출생 – 사망
1420 – 1506

출생지
일본

분류
화가

셋슈(雪舟)
Sesshu

0
빗추 국(현재의 오카야마현)에서 출생.
집안은 오다 가문으로 무가였다.

11
교토의 소코쿠지에 들어가 선의 수행을 시작.
화가·주문으로부터 그림을 배우기 시작하다.

47
견명선을 타고 명나라(당시의 중국)로 건너가
본격적인 수묵화를 배우다.

44
스오국 야마구치(현재의 야마구치현)에 있는
운고쿠암에서 생활하기 시작하다.

49
귀국하여 스오국 외에 분고국(오이타현)과
이와미국(시마네현)에서 창작

55
대표작의 하나로 꼽히는 산수소권을 그리다.

71
자화상을 그려 제자 한 사람인
토우카에게 줌

57
스오국으로 이주하여
주변 절에 뛰어난 정원을 작성

75
파묵산수도를 그려 제자 한 사람인 소엔에게 줌

87
사망에 관해서는 확실한 기록이 없지만,
87세의 나이로 사망했다는 설이 유력함

눈앞의 지위나 자산에 현혹되지 않고 좀 더 오래 안정되고 국가가 번영하도록 이웃나라 황태자와 결혼한 이사벨 1세의 삶은 현대를 살아가는 우리들의 결혼이나 자산운용에도 교훈이 된다

3살 때 아버지의 사망으로 왕위를 계승한 이복오빠 엔리케 4세에 의해 남동생 알폰소(당시 1세), 어머니와 함께 아레발로라는 시골 마을로 추방되어 셋이서 불우한 10년을 보내게 된 이사벨 1세. 하지만 이후 여왕으로 군림하는 장래를 내다보고 이웃나라 황태자와 결혼. 엔리케, 알폰소의 사망으로 카스티야 여왕으로 즉위한 후, 남편인 아라곤 왕자 페르난도가 아라곤의 국왕이 되자 두 왕국을 통일하여 스페인 왕국 창건을 위한 공동 통치를 하였다. 부부 모두 독실한 천주교이었고 국토 회복 운동을 완성하였다. 그 공적을 기리며 남편과 함께 '가톨릭 양왕'이라고 칭하게 되었다. 또한 국내에서는 중앙집권화에 힘썼고 콜럼버스의 아메리카 대륙의 발견을 도왔다는 점에서 높이 평가받고 있다.

#025

출생 – 사망
1451 – 1504

출생지
스페인

분류
국왕

이사벨 1세

Isabel I

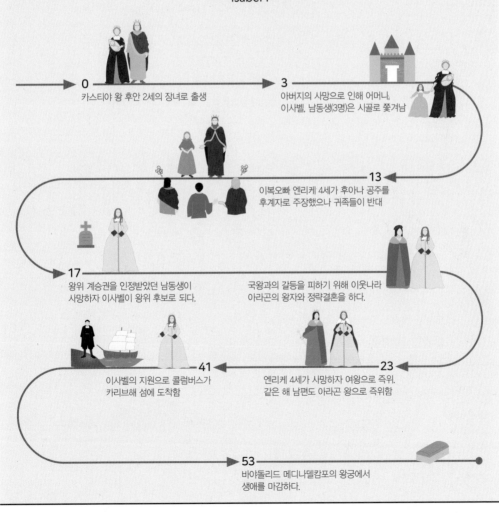

0 카스티야 왕 후안 2세의 장녀로 출생

3 아버지의 사망으로 인해 어머니,
이사벨, 남동생(3명)은 시골로 쫓겨남

13 이복오빠 엔리케 4세가 후아나 공주를
후계자로 주장했으나 귀족들이 반대

17 왕위 계승권을 인정받았던 남동생이
사망하자 이사벨이 왕위 후보로 되다.

23 엔리케 4세가 사망하자 여왕으로 즉위.
같은 해 남편도 아라곤 왕으로 즉위함

국왕과의 갈등을 피하기 위해 이웃나라
아라곤의 왕자와 정략결혼을 하다.

41 이사벨의 지원으로 콜럼버스가
카리브해 섬에 도착함

53 바야돌리드 메디나델캄포의 왕궁에서
생애를 마감하다.

Archimedes

아르키메데스
'아르키메데스의 원리'

기원전 220년 경

많은 발견과 발명을 한 것으로 유명한 아르키메데스지만
그 으뜸인 것이 자신의 이름을 딴 '아르키메데스의 원리'이다.
현재에도 물리학 분야에서 배우고 있다.

 **P. 018**

Johannes Gutenberg

구텐베르크
'구텐베르크 성서'

1455년 경

서양 최초의 인쇄성서인 '구텐베르크 성서'. 양피지에 인쇄된
것과 종이에 인쇄된 것이 있고, 현재 아시아에서는 유일하게
일본의 '경응의숙대학' 도서관에 종이에 인쇄된 것이 소장되
어 있다.

 **P. 052**

Sir Francis Drake

드레이크
'드레이크 해협'

1578년

남아메리카의 혼곶과 남극 반도 북쪽에 위치한 사우스
셰틀랜드 제도에 낀 해협. 세계에서 가장 거친 바다로 꼽히며,
세계에서 가장 넓은 해협으로 기네스북에 등재되어 있다.

 **P. 080**

Blaise Pascal

파스칼
'파스칼의 정리'

1639년

파스칼이 겨우 16세에 발견한 원추곡선에 관한 정리.
처음에는 '원추곡선시론'으로 발표되었다.
우리도 잘 아는 정리 중 하나이다.

➡ P.094

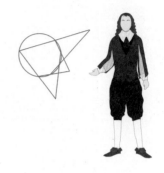

Napoleon Bonaparte

나폴레옹
'나폴레옹 법전'

1804년

1804년에 제정된 개인주의, 자유주의를 관철한 프랑스 민법전.
나폴레옹은 자신의 이름을 따왔다. 이후 근대적 법전의 기초가
되었으며 메이지 시대의 일본에도 영향을 주었다.

➡ P.134

Alexandre Gustave Eiffel

에펠
'에펠탑'

1887년

프랑스 혁명 100주년을 기념해 열린 '파리 만국박람회'를 위해
세워진 에펠탑. 관광명소로도 알려져 현재까지도 세계에서 많은
사람들이 방문하고 있다.

➡ P.154

0에서 1을 만드는 것은 어렵다
1에서 2를 만드는 것은 쉽다

신대륙의 발견자로 알려진 항해자. 처음 바다에서의 일은 지중해 상선 업무였다. 이후 포르투갈로 이주해서 지리학자 토스카넬리의 지구 구체설에 촉발되어 서쪽 항로를 통해 인도에 도달할 계획을 세우자 카스티야 여왕 이사벨 1세의 후원을 받아 항해를 나선다. 이것이 1492년의 일로, 이때는 모두 3척으로 항해. 계속해서 1493년부터 1495년에 걸친 제2차 항해에서는 도미니카 및 자메이카에 도달. 1498년부터 1500년에 걸친 제3차 항해에서는 트리니다드에 도달. 제4차 항해도 어렵게 출항했지만 결과적으로 난항을 겪고 구조되었고 계획은 뜻대로 되지 않았다. 실의에 빠진 채 만년을 보내면서 죽는 날까지 자신이 도달한 땅은 인도라고 믿은 채였다.

#026

출생 – 사망
1451년 경 – 1506

출생지
이탈리아

분류
탐험가

콜럼버스

Christopher Columbus

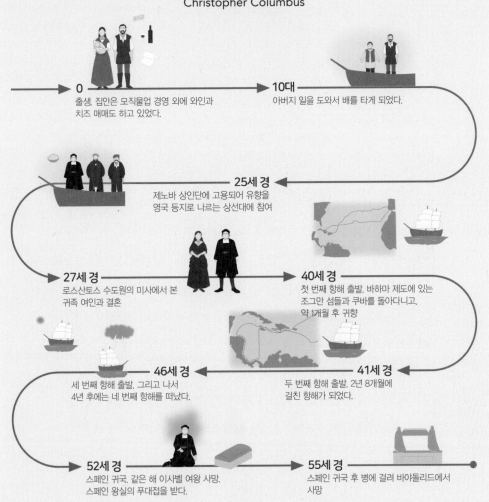

0
출생. 집안은 모직물업 경영 외에 와인과
치즈 매매도 하고 있었다.

10대
아버지 일을 도와서 배를 타게 되었다.

25세 경
제노바 상인단에 고용되어 유향을
영국 등지로 나르는 상선대에 참여

27세 경
로스산토스 수도원의 미사에서 본
귀족 여인과 결혼

40세 경
첫 번째 항해 출발. 바하마 제도에 있는
조그만 섬들과 쿠바를 돌아다니고,
약 1개월 후 귀항

46세 경
세 번째 항해 출발. 그리고 나서
4년 후에는 네 번째 항해를 떠났다.

41세 경
두 번째 항해 출발. 2년 8개월에
걸친 항해가 되었다.

52세 경
스페인 귀국. 같은 해 이사벨 여왕 사망.
스페인 왕실의 푸대접을 받다.

55세 경
스페인 귀국 후 병에 걸려 바야돌리드에서
사망

인간은 행하거나 절제할 능력 안에 있는 행동에 대해서만 칭찬과 비난받을 수 있다

르네상스 시대의 이탈리아를 대표하는 화가, 조각가, 발명가. 또한 인류 역사상 가장 다재다능한 인물로 꼽힌다. 과학적인 상상면에서도 재능을 보였다. 또 그 재능은 설계, 화학, 금속가공, 석고 주형 주조, 기계공학 등 폭넓은 분야에 걸쳐 헬리콥터나 전차의 개념화, 태양 에너지나 계산기의 이론 등도 이해하고 있을 뿐만 아니라 해부학, 토목공학, 광학, 유체역학 등의 분야에서도 중요한 발견을 하여 이에 관한 원고도 다수 남아 있다. 주요 작품에는 최후의 만찬(산타 마리아 델레 그라치에 성당 소장), 모나리자(루브르 미술관 소장) 등. 14세에 제자가 된 베로키오의 공방시절에는 수태고지(우피치 미술관 소장), 브누아의 성모(에르미타주 미술관 소장) 등이 있다.

#027

출생 – 사망
1452 – 1519

출생지
이탈리아

분류
예술가, 발명가 외

레오나르도 다 빈치
Leonardo da Vinci

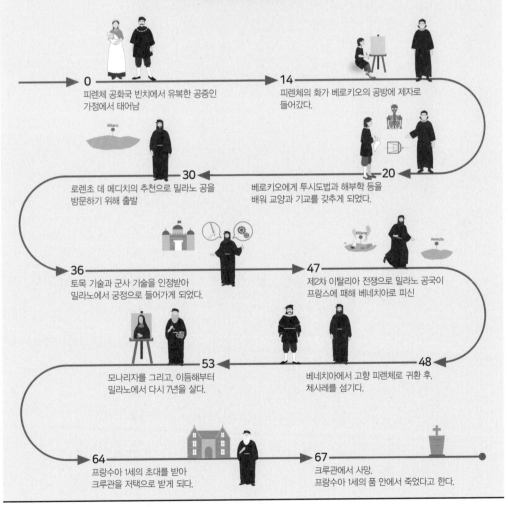

0
피렌체 공화국 빈치에서 유복한 공증인
가정에서 태어남

14
피렌체의 화가 베로키오의 공방에 제자로
들어갔다.

30
로렌초 데 메디치의 추천으로 밀라노 공을
방문하기 위해 출발

20
베로키오에게 투시도법과 해부학 등을
배워 교양과 기교를 갖추게 되었다.

36
토목 기술과 군사 기술을 인정받아
밀라노에서 궁정으로 들어가게 되었다.

47
제2차 이탈리아 전쟁으로 밀라노 공국이
프랑스에 패해 베네치아로 피신

53
모나리자를 그리고, 이듬해부터
밀라노에서 다시 7년을 살다.

48
베네치아에서 고향 피렌체로 귀환 후,
체사레를 섬기다.

64
프랑수아 1세의 초대를 받아
크루관을 저택으로 받게 되다.

67
크루관에서 사망.
프랑수아 1세의 품 안에서 죽었다고 한다.

첫 항해 성공 후 마누엘 1세로부터는
원래 왕족과 귀족에게만 허용되는
"돈"이라는 칭호와
3750 크루사드의 연금이 수여되었다

유럽에서 아프리카 남쪽을 경유하여 동쪽으로 돌아 항해하여 인도에 도달한 최초의 유럽인. 왜 동쪽으로 돌았을까? 그것은 2년 전에 스페인 왕이 파견한 콜럼버스가 서쪽으로 가는 항로를 발견했기 때문이다. 콜럼버스의 발견으로 1494년 스페인과 포르투갈은 토르데시야스 조약을 체결. 아프리카 서쪽 앞바다에 있는 카보베데르 섬에서 약 2,000km 떨어진 곳을 기준으로 서쪽은 스페인, 동쪽은 포르투갈의 권리로 하는 협정을 성립시켰기 때문에 포르투갈은 동쪽으로 돌아서 아시아 도달을 서두를 필요가 있었다. 1497년 7월, 바스코 다 가마의 선단은 리스본을 출항. 카보 베르데 제도를 떠난 뒤 남서쪽 우회해 브라질 앞바다를 통과하였다. 계속해서 남동쪽으로 진로를 잡아 희망봉을 넘어 인도의 캘리컷에 도착한 것이다.

#028

출생 – 사망
1469년 경 – 1524

출생지
포르투갈

분류
항해자, 탐험가

바스코 다 가마
Vasco da Gama

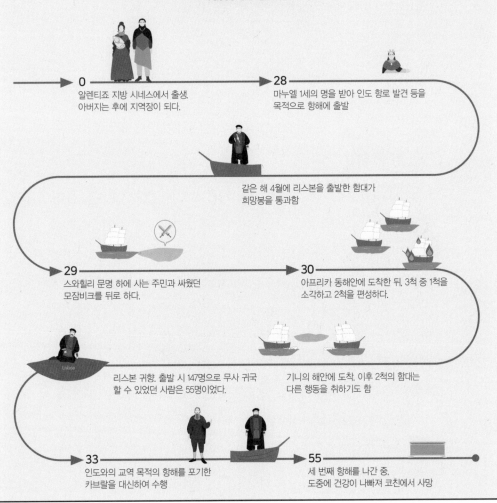

0
알렌티죠 지방 시네스에서 출생.
아버지는 후에 지역장이 되다.

28
마누엘 1세의 명을 받아 인도 항로 발견 등을
목적으로 항해에 출발

같은 해 4월에 리스본을 출발한 함대가
희망봉을 통과함

29
스와힐리 문명 하에 사는 주민과 싸웠던
모잠비크를 뒤로 하다.

30
아프리카 동해안에 도착한 뒤, 3척 중 1척을
소각하고 2척을 편성하다.

리스본 귀향. 출발 시 147명으로 무사 귀국
할 수 있었던 사람은 55명이었다.

기니의 해안에 도착. 이후 2척의 함대는
다른 행동을 취하기도 함

33
인도와의 교역 목적의 항해를 포기한
카브랄을 대신하여 수행

55
세 번째 항해를 나간 중,
도중에 건강이 나빠져 코친에서 사망

인간이란 자신을 지켜주지 않는 자나 잘못을 바로잡을 힘도 없는 자에게 충성할 수는 없다

이탈리아의 정치사상가, 피렌체 공화국의 외교관. 이상주의적인 사상이 강한 르네상스기에 정치는 종교와 도덕에서 분리하여 생각해야 한다는 현실주의적인 정치 이론의 창시자이다. 대표작은 현실주의의 고전으로 꼽히는 '군주론'. 반메디치파로 분류되며 피렌체 교외에서 은둔생활을 하다 남긴 글이다. 이 저서에서 서술한 정치사상 마키아벨리즘은 군주의 현실주의적인 통치를 주장하며 정치적 목적을 위해 나아가 반도덕적인 수단도 허용된다고 설명하고 있다. 1527년 이탈리아 전쟁이 정점에 이르러 교황이 프랑스 왕과 손잡은 것을 이유로 로마로 진군하여 로마의 약탈이 이루어짐에 따라 피렌체에서도 공화파가 궐기하여 메디치 가문이 추방되고 마키아벨리도 실각했다.

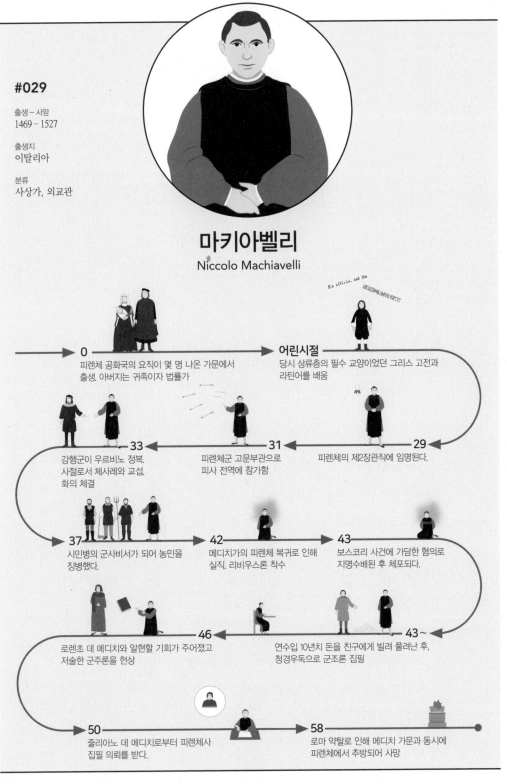

#029

출생 – 사망
1469 – 1527

출생지
이탈리아

분류
사상가, 외교관

마키아벨리
Niccolo Machiavelli

0
피렌체 공화국의 요직이 몇 명 나온 가문에서
출생. 아버지는 귀족이자 법률가

어린시절
당시 상류층의 필수 교양이었던 그리스 고전과
라틴어를 배움

29
피렌체의 제2장관직에 임명된다.

31
피렌체군 고문부관으로
피사 전역에 참가함

33
강행군이 우르비노 정복.
사절로서 체사레와 교섭.
화의 체결

37
시민병의 군사비서가 되어 농민을
징병했다.

42
메디치가의 피렌체 복귀로 인해
실직. 리비우스론 착수

43
보스코리 사건에 가담한 혐의로
지명수배된 후 체포되다.

43~
연수입 10년치 돈을 친구에게 빌려 풀려난 후,
청경우독으로 군조론 집필

46
로렌초 데 메디치와 알현할 기회가 주어졌고
저술한 군주론을 헌상

50
줄리아노 데 메디치로부터 피렌체사
집필 의뢰를 받는다.

58
로마 약탈로 인해 메디치 가문과 동시에
피렌체에서 추방되어 사망

자신이 무엇을 알고 무엇을 모르는지를 아는 것, 그것이 진정한 지식이다

지금까지 상식으로 되어 있었던 지구중심설(=천동설)에 이론을 제기하며 우주의 중심은 태양이라고 하는 태양중심설(=지동설)을 제창. 우주의 중심이 태양이라고 처음으로 생각한 사람은 헤라클레이데스나(사모스의) 아르스타르코스로 알려져 있는데 코페르니쿠스의 제창으로 지구중심설의 타파로 이어졌다. 3개의 대학에서, 당시 대부분의 학문을 수양하였고 교회법으로 박사 학위를 취득하였다. 또한 저서 '화폐주조 방법'에서, 질이 좋지 않은 화폐와 질이 좋은 화폐가 동시에 유통되면 양질의 화폐는 퇴장되어 시장에 나오지 않게 되고, 인플레이션이 일어난다고 제창. 지동설에 대해 기술한 '천구회전론'은 그가 죽기 직전인 1543년에 이르러 간행되었으나, 1510년에는 동인지 '프톨레마이오스'에도 지동설에 대해 언급하고 있다.

#030

출생 – 사망
1473 – 1543

출생지
폴란드

분류
천문학자, 가톨릭 사제

코페르니쿠스
Nicolaus Copernicus

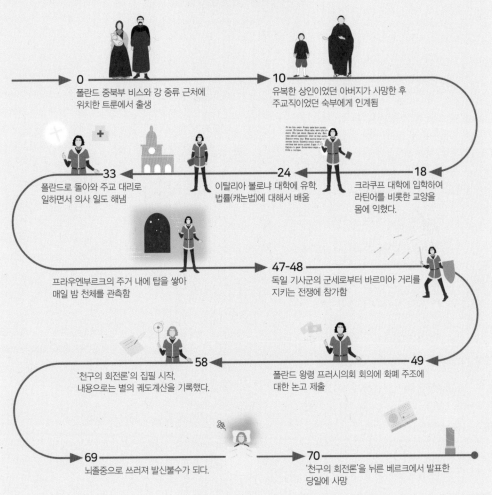

0
폴란드 중북부 비스와 강 중류 근처에
위치한 트룬에서 출생

10
유복한 상인이었던 아버지가 사망한 후
주교직이었던 숙부에게 인계됨

33
폴란드로 돌아와 주교 대리로
일하면서 의사 일도 해냄

24
이탈리아 볼로냐 대학에 유학.
법률(캐논법)에 대해서 배움

18
크라쿠프 대학에 입학하여
라틴어를 비롯한 교양을
몸에 익혔다.

프라우엔부르크의 주거 내에 탑을 쌓아
매일 밤 천체를 관측함

47-48
독일 기사군의 군세로부터 바르미아 거리를
지키는 전쟁에 참가함

58
'천구의 회전론'의 집필 시작.
내용으로는 별의 궤도계산을 기록했다.

49
폴란드 왕령 프러시의회 회의에 화폐 주조에
대한 논고 제출

69
뇌졸중으로 쓰러져 발신불수가 되다.

70
'천구의 회전론'을 뉘른 베르크에서 발표한
당일에 사망

최대의 위기는 목표가 너무 높아서 실패하는 것이 아니라 너무 낮은 목표를 달성하는 것이다

전성기 르네상스의 3대 거장 중 한 명으로서 조각가, 화가, 건축가로서 업적을 남겼다. 다른 두 사람은 레오나르도 다 빈치, 라파엘로이다. 미켈 란젤로 자신은 르네상스를 상징하는 예술은 회화가 아닌 조각이라고 생 각하며 많은 조각 작품에 주력했다고 한다. 또한 화가로서의 재능도 타 고나 시스티나 예배당의 천장화 등 기백 넘치는 작품도 남겼다. 대표작은 '다비드상', '아담의 창조', '피에타' 등. 만년에는 성 베드로 대성당의 수 석건축가로도 활동했을 정도로 건축작품도 많다. 주요 건축 작품은 메 디치가의 예배당신성구실, 라우렌치아나 도서관, 캄피돌리오 광장 등. 또한 페트라르카풍의 시작도 시도하여 사후 시집 'Rime'가 출판되었다.

#031

출생 – 사망
1475 – 1564

출생지
이탈리아

분류
예술가, 건축가 등

미켈란젤로
Michelangelo Buonarroti

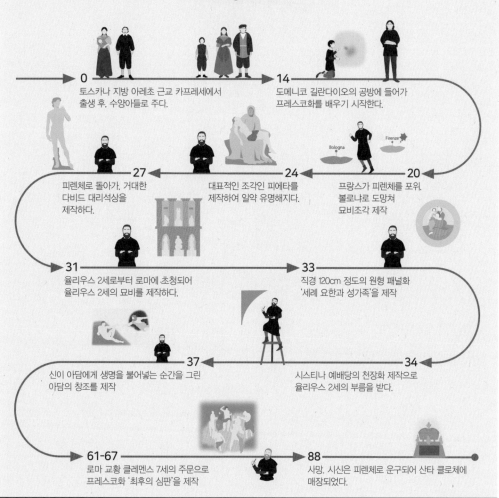

0
토스카나 지방 아레초 근교 카프레세에서
출생 후, 수양아들로 주다.

14
도메니코 길란다이오의 공방에 들어가
프레스코화를 배우기 시작한다.

27
피렌체로 돌아가, 거대한
다비드 대리석상을
제작하다.

24
대표적인 조각인 피에타를
제작하여 일약 유명해지다.

20
프랑스가 피렌체를 포위.
볼로냐로 도망쳐
묘비조각 제작

31
율리우스 2세로부터 로마에 초청되어
율리우스 2세의 묘비를 제작하다.

33
직경 120cm 정도의 원형 패널화
'세례 요한과 성가족'을 제작

37
신이 아담에게 생명을 불어넣는 순간을 그린
아담의 창조를 제작

34
시스티나 예배당의 천장화 제작으로
율리우스 2세의 부름을 받다.

61-67
로마 교황 클레멘스 7세의 주문으로
프레스코화 '최후의 심판'을 제작

88
사망. 시신은 피렌체로 운구되어 산타 클로체에
매장되었다.

누가 옳다고 해도
자신의 양심에 반하는 것이라면
그것은 옳지 않다

가톨릭교회에서 개신교의 분리로 발전한 종교개혁운동의 중심인물. 가톨릭교회가 발행했던 죗값을 경감하는 증명서 '속유장(면죄부)'에 대한 비판을 '95개조 논제'로 비텐베르크성 교회 대문에 붙여 종교개혁의 발단을 만든다. 이것이 이미 지적되었던 교황 위의 세속화나 성직자의 타락 등에 대한 불만과 결부되어 가톨릭교회로부터 개신교가 분리되었다. 루터가 만든 독일어 번역 성서는 널리 읽혔고, 에라스무스의 그리스어 교재를 바탕으로 한 이 책은 근대 독일어 성립에 큰 역할을 했다고 한다. 또한 '성서에 쓰여있지 않은 것은 인정할 수 없다'는 그의 말이 무거운 세금으로 힘겹게 살아가는 농민들에게 희망을 주어 독일 농민 전쟁으로 발전했다.

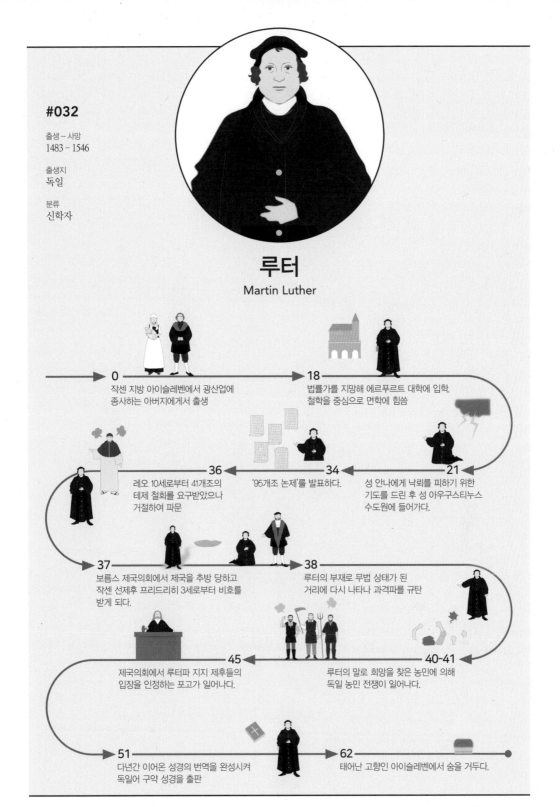

#032

출생 – 사망
1483 – 1546

출생지
독일

분류
신학자

루터
Martin Luther

0
작센 지방 아이슬레벤에서 광산업에
종사하는 아버지에게서 출생

18
법률가를 지망해 에르푸르트 대학에 입학.
철학을 중심으로 면학에 힘씀

21
성 안나에게 낙뢰를 피하기 위한
기도를 드린 후 성 아우구스티누스
수도원에 들어가다.

34
'95개조 논제'를 발표하다.

36
레오 10세로부터 41개조의
테제 철회를 요구받았으나
거절하여 파문

37
보름스 제국의회에서 제국을 추방 당하고
작센 선제후 프리드리히 3세로부터 비호를
받게 되다.

38
루터의 부재로 무법 상태가 된
거리에 다시 나타나 과격파를 규탄

40-41
루터의 말로 희망을 찾은 농민에 의해
독일 농민 전쟁이 일어나다.

45
제국의회에서 루터파 지지 제후들의
입장을 인정하는 포고가 일어나다.

51
다년간 이어온 성경의 번역을 완성시켜
독일어 구약 성경을 출판

62
태어난 고향인 아이슬레벤에서 숨을 거두다.

자신을 가장 신뢰하는 자가
가장 잘 속는다

영국 튜더 왕조의 마지막 군주. 국왕 헨리 8세의 둘째 딸로 태어났으나 어린 시절에는 불우하게 보냈다. 어머니 앤 불린이 간통죄로 몰리고 이후 13세 때 아버지가 사망하자 이복 동생의 즉위를 거쳐 이복언니 메리 1세가 즉위. 이후 25세에 비로소 여왕의 자리에 오르게 되었다. 여왕으로서의 활약은 눈부셨고 개신교의 종교 대립, 빈곤, 해외로부터의 침략 속에서 세계 최강 스페인 무적함대를 꺾고 고고한 소국 잉글랜드를 대국으로 이끌었다. 또 신교도를 지원함으로써 스페인, 프랑스 양 왕국의 패권 싸움에 말려드는 것을 경계. 국가를 위해 자신의 결혼문제가 국제 대립에 이용되는 것을 피하기 위해 평생 독신을 지냈다는 점에서 국민에게 처녀왕으로 칭송받았다.

#033

출생 – 사망
1533 – 1603

출생지
영국

분류
국왕

엘리자베스 1세
Elizabeth I

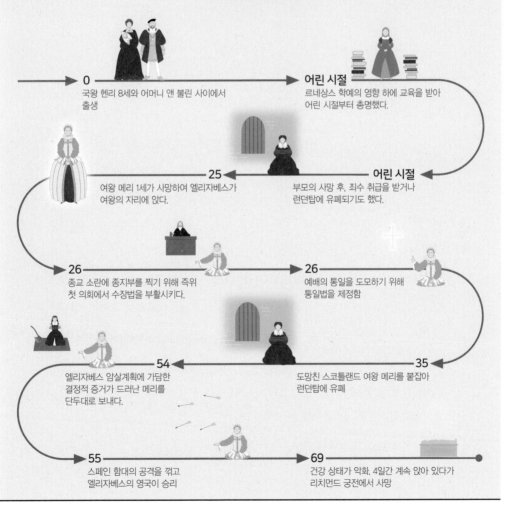

0
국왕 헨리 8세와 어머니 앤 불린 사이에서
출생

어린 시절
르네상스 학예의 영향 하에 교육을 받아
어린 시절부터 총명했다.

25
여왕 메리 1세가 사망하여 엘리자베스가
여왕의 자리에 앉다.

어린 시절
부모의 사망 후, 죄수 취급을 받거나
런던탑에 유폐되기도 했다.

26
종교 소란에 종지부를 찍기 위해 즉위
첫 의회에서 수장법을 부활시키다.

26
예배의 통일을 도모하기 위해
통일법을 제정함

54
엘리자베스 암살계획에 가담한
결정적 증거가 드러난 메리를
단두대로 보내다.

35
도망친 스코틀랜드 여왕 메리를 붙잡아
런던탑에 유폐

55
스페인 함대의 공격을 꺾고
엘리자베스의 영국이 승리

69
건강 상태가 악화. 4일간 계속 앉아 있다가
리치먼드 궁전에서 사망

군주의 가장 숭고한 자질은
잘못을 용서하는 것이다

조부 바부르가 건설한 무굴제국(1526년부터 인도의 거의 전역을 지배하다
가 1858년까지 존속한 이슬람 왕조)에 13세에 왕으로 즉위. 4년 후에 친정을
시작하여 중신들의 지지도 있어 힌두교도의 군대를 격파하는 데 성공하
여 왕조를 안정시켰다. 더욱이 태생이나 민족에 구애받지 않고 신뢰할
수 있는 인재를 모아 군대를 강화하였다. 또한 다른 나라의 왕후를 연합
하기 위해 결혼을 통한 동맹을 거듭함으로써 세력을 확대해 나갔다. 이
로 인해 최종적으로는 인도 북부의 대부분을 지배하였다. 국토 안정을
위해 이교도에 대한 인두세도 폐지하고 이슬람교도와 힌두교도의 융화
를 꾀하여 무굴제국의 전성기로 이어지는 기틀을 마련하였다. 국가 확
장 과정에서는 이슬람교, 힌두교의 대립을 뛰어넘은 '신의 종교'를 스스
로 역설했다.

#034

출생 - 사망
1542 - 1605

출생지
파키스탄

분류
국왕

악바르
Akbar

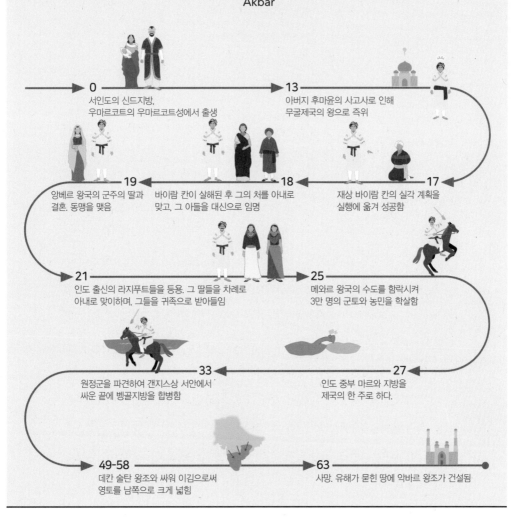

0
서인도의 신드지방,
우마르코트의 우마르코트성에서 출생

13
아버지 후마윤의 사고사로 인해
무굴제국의 왕으로 즉위

19
앙베르 왕국의 군주의 딸과
결혼. 동맹을 맺음

18
바이람 칸이 살해된 후 그의 처를 아내로
맞고, 그 아들을 대신으로 임명

17
재상 바이람 칸의 실각 계획을
실행에 옮겨 성공함

21
인도 출신의 라지푸트들을 등용. 그 딸들을 차례로
아내로 맞이하며, 그들을 귀족으로 받아들임

25
메와르 왕국의 수도를 함락시켜
3만 명의 군토와 농민을 학살함

33
원정군을 파견하여 갠지스상 서안에서
싸운 끝에 벵골지방을 합병함

27
인도 중부 마르와 지방을
제국의 한 주로 하다.

49-58
데칸 술탄 왕조와 싸워 이김으로써
영토를 남쪽으로 크게 넓힘

63
사망. 유해가 묻힌 땅에 악바르 왕조가 건설됨

모든 위업에는 시작이 있다
하지만 끝까지 계속하지 않으면
진정한 영광은 없다

엘리자베스 왕조의 항해자, 해적. 젊은 시절에는 해적선 선장으로서 멕시코만을 휩쓸고 있었다. 1577년 5척의 함대를 이끌고 세계일주 항해를 출발하여 남아메리카를 따라 남하. 마젤란 해협을 지나 드레이크 해협을 찾아낸 것으로도 알려져 있다. 게다가 칠레, 페루 일대로 북항하여 북위 48도 부근까지 북상. 태평양을 가로질러 모르카 제도, 희망봉을 거쳐 플리머스로 귀향했다. 항해 중 스페인 식민지에서 큰 보물을 빼앗고 엘리자베스 1세를 비롯한 출자자들에게 배당금으로 환불. 그 덕분에 왕실은 채무를 청산할 수 있어서 잉글랜드 사람들은 그를 영웅으로 대접하였다. 그러나 다른 한편으로 거듭되는 해적 행위에 피해를 받아 온 스페인 사람들은 악마의 화신 드래곤 '드라코'라는 별명으로 불리고 있다.

#035

출생 – 사망
1543년 경 – 1596

출생지
영국

분류
해적, 항해자

드레이크
Sir Francis Drake

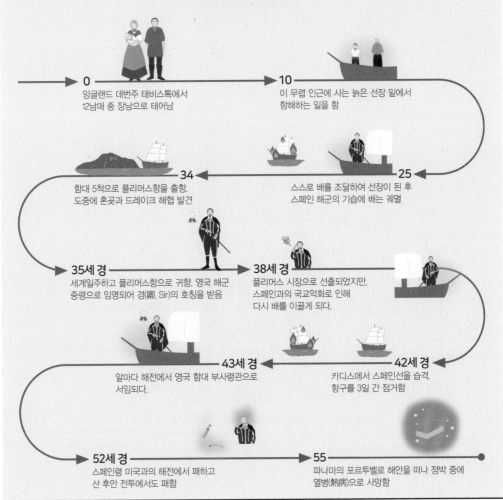

0
잉글랜드 데번주 태비스톡에서
12남매 중 장남으로 태어남

10
이 무렵 인근에 사는 늙은 선장 밑에서
항해하는 일을 함

34
함대 5척으로 플리머스항을 출항.
도중에 혼곶과 드레이크 해협 발견

25
스스로 배를 조달하여 선장이 된 후
스페인 해군의 기습에 배는 궤멸

35세 경
세계일주하고 플리머스항으로 귀항. 영국 해군
중령으로 임명되어 경(卿, Sir)의 호칭을 받음

38세 경
플리머스 시장으로 선출되었지만,
스페인과의 국교악화로 인해
다시 배를 이끌게 되다.

43세 경
알마다 해전에서 영국 함대 부사령관으로
서임되다.

42세 경
카디스에서 스페인선을 습격.
항구를 3일 간 점거함

52세 경
스페인령 미국과의 해전에서 패하고
산 후안 전투에서도 패함

55
파나마의 포르투벨로 해안을 떠나 정박 중에
열병(熱病)으로 사망함

일본해의 작명은 마테오 리치 '곤여만국전도'를 작성하였을 때 일본에 접한 바다를 일본해로 명명했다

유복을 입고 중국명 리마더우(利瑪竇)를 이용했던 이탈리아인 예수회 선교사. 이 교단이 행한 중국 기독교 포교의 개조로 알려져 있다. 명나라 말기에 프란시스코 자비에르가 이루지 못한 중국(북경)에서의 가톨릭 포교를 실시했다.

1584년 중국에서 한자로 쓴 최초의 세계지도 '산해홍지전도'를 작성하고, 이후 북경 정주의 허가를 얻어 1602년 이전까지 2종류의 세계지도를 집대성한 것이라고 할 수 있는 '곤여만국전도'를 완성시켰다. 지도 중앙에는 중국을 중심으로 한 '아세아'가 기록되어 있으며, 난외에 천문학과 지학적인 주기가 붙어 있다. 이렇게 해서 중국 전통의 독특한 세계관에 새로운 자극을 주었다.

#036

출생 – 사망
1552 – 1610

출생지
이탈리아

분류
선교사

마테오 리치
Matteo Ricci

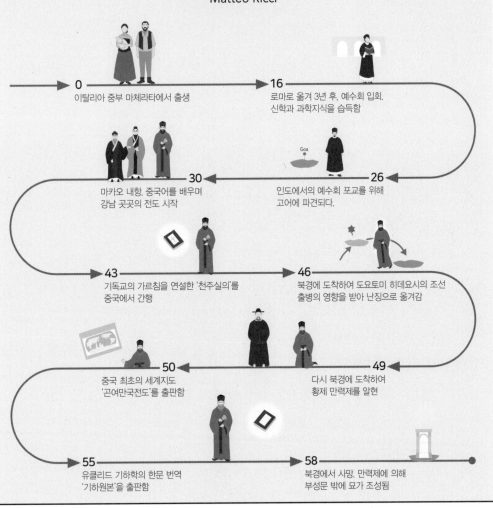

0
이탈리아 중부 마체라타에서 출생

16
로마로 옮겨 3년 후, 예수회 입회.
신학과 과학지식을 습득함

30
마카오 내항. 중국어를 배우며
강남 곳곳의 전도 시작

26
인도에서의 예수회 포교를 위해
고어에 파견되다.

43
기독교의 가르침을 연설한 '천주실의'를
중국에서 간행

46
북경에 도착하여 도요토미 히데요시의 조선
출병의 영향을 받아 난징으로 옮겨감

50
중국 최초의 세계지도
'곤여만국전도'를 출판함

49
다시 북경에 도착하여
황제 만력제를 알현

55
유클리드 기하학의 한문 번역
'기하원본'을 출판함

58
북경에서 사망. 만력제에 의해
부성문 밖에 묘가 조성됨

이루고자 한 뜻을
단 한 번의 패배로
버려서는 안 된다

엘리자베스 왕조 시기의 극작가, 시인. 영국 르네상스 연극을 대표하는 인물이다. 결혼 후, 고향에 처자를 남기고 런던으로 진출하여 연극계에 몸담는다. 배우로 활동하는 한편 각본을 쓰기 시작하자 일약 명성을 얻었고 많은 희곡을 집필하게 되었다. 대표작으로는 4대 비극으로 알려진 '햄릿', '맥베스', '오셀로', '리어왕'과 더불어 '로미오와 줄리엣', '베니스의 상인', '한여름 밤의 꿈', '줄리어스 시저' 등이 있다. 이 작품들은 현재에도 세계문학의 표준으로서 전 세계적으로 읽혀지고 있으며, 셰익스피어 작품을 연구하는 학자도 많다. 또한 영화화된 작품도 다수 있을 뿐만 아니라 지금도 무대 작품으로 상영되기도 한다.

#037

출생 – 사망
1564 – 1616

출생지
영국

분류
극작가, 시인

셰익스피어
William Shakespeare

0
잉글랜드 중부의 유복한
피혁상의 장남으로 출생

6-14
지역 그래머스쿨에서 배운
고전문학의 소양을 몸에 익힘

19
장녀가 출생. 그로부터 2년 후에는
남녀 쌍둥이가 태어난다.

18
8살 연상의 여성과 결혼. 입적 시
아내는 이미 임신 3개월 째였다.

21-28
무엇을 하고 있었는지는 불분명하고
셰익스피어가 태어난 시간으로 간주함

30
리처드 바벳지와 궁내대신 일좌에 가입하여
수많은 작품을 제작

39
제임스 1세의 즉위로 극단이 국왕폐하일좌로
개칭. 인기 작가가 된다.

35
템스강 남쪽에 건설된 글로브 극장의 소유주,
주주 중 한 명이 된다.

Stratford

49
고향 스트랫퍼드로 귀향.
은거 생활을 하게 된다.

52
썩은 청어에서 전염된 감염증으로 사망했다고
하지만, 자세한 것은 불명

다른 사람을 가르칠 수는 없다
그저 스스로 깨달을 뿐이다

천문학의 아버지라고 불리는 천문학자, 철학자. 음향학 연구에 있어 수적 기술, 분석을 중시하는 방법을 사용하던 아버지의 존재가 갈릴레오의 수적 수법에 영향을 주었다. 갈릴레오는 천동설이 널리 믿어지는 시대에 직접 제작한 망원경으로 천체를 관측하고 목성 위성을 발견하였다. 이것으로 천동설을 부인하는 근거가 되었기 때문에 세계적인 명성을 얻는다. 망원경 관측을 통해 달의 크레이터나 태양의 흑점 관측에도 성공하였다. 그러나 갈릴레오의 천문학적인 지식은 성서와 모순된다며 종교재판에 회부되어 지동설의 외침이 금지된다. 이에 굴하지 않고 '천문대화'를 출판한 결과, 두 번째 종교재판에서 종신형을 선고받는다. 하지만 그 후에도 유폐 상태에서 집필을 계속하여 '신과학대화'를 저술, 과학 발전을 후세에 물려주었다.

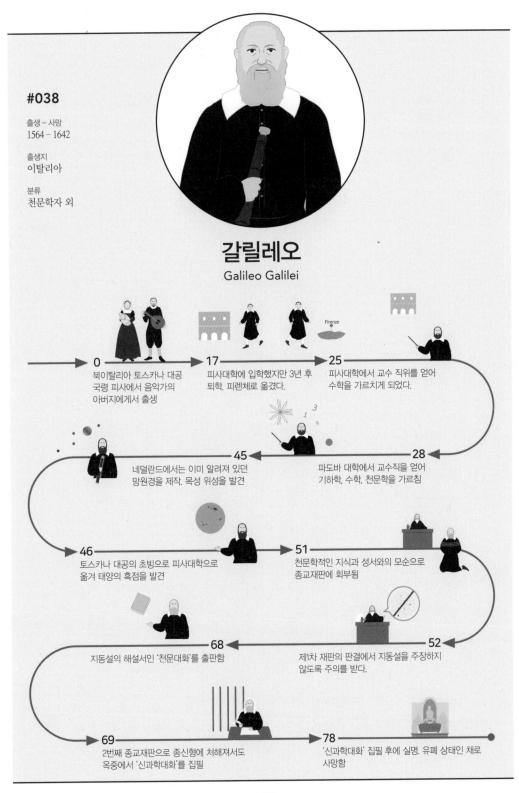

#038

출생 – 사망
1564 – 1642

출생지
이탈리아

분류
천문학자 외

갈릴레오
Galileo Galilei

0
북이탈리아 토스카나 대공
국령 피사에서 음악가의
아버지에게서 출생

17
피사대학에 입학했지만 3년 후
퇴학. 피렌체로 옮겼다.

25
피사대학에서 교수 직위를 얻어
수학을 가르치게 되었다.

28
파도바 대학에서 교수직을 얻어
기하학, 수학, 천문학을 가르침

45
네덜란드에서는 이미 알려져 있던
망원경을 제작. 목성 위성을 발견

46
토스카나 대공의 초빙으로 피사대학으로
옮겨 태양의 흑점을 발견

51
천문학적인 지식과 성서와의 모순으로
종교재판에 회부됨

52
제1차 재판의 판결에서 지동설을 주장하지
않도록 주의를 받다.

68
지동설의 해설서인 '천문대화'를 출판함

69
2번째 종교재판으로 종신형에 처해져서도
옥중에서 '신과학대화'를 집필

78
'신과학대화' 집필 후에 실명. 유폐 상태인 채로
사망함

'베르니니는 로마를 위해 태어났고, 로마는 베르니니를 위해 만들어진 것'으로 알려져 있다

'바로크 예술의 최고봉'이라고 불리는 작품을 많이 만들어 낸 베르니니는 건축, 조각, 회화 모두에 있어 '거장'이라고 칭한다. 특히 조각에 있어서는 대리석으로 만들졌다고는 믿어지지 않을 정도로 부드러운 인간의 피부와 같은 질감과 생동감이 넘쳐 '예술의 기적'이라고 평가된다. 10대 시절에는 수집가로부터 작품 제작을 의뢰받을 정도의 솜씨가 되었다. 20대가 되어 '다비드', '프로세르피나의 납치' 등 수많은 걸작을 발표하였다. 또한 교황 바오로스 5세의 부름을 받고 교황청 일에도 종사하게 되는데, 다음 교황이 된 인노첸시오 10세의 시절에는 미술계의 질투를 받아 중요한 업무 의뢰가 끊겼다. 하지만 '4대강 분수'와 '성 테레사의 환희' 등을 제작하여 실력을 보여주었다.

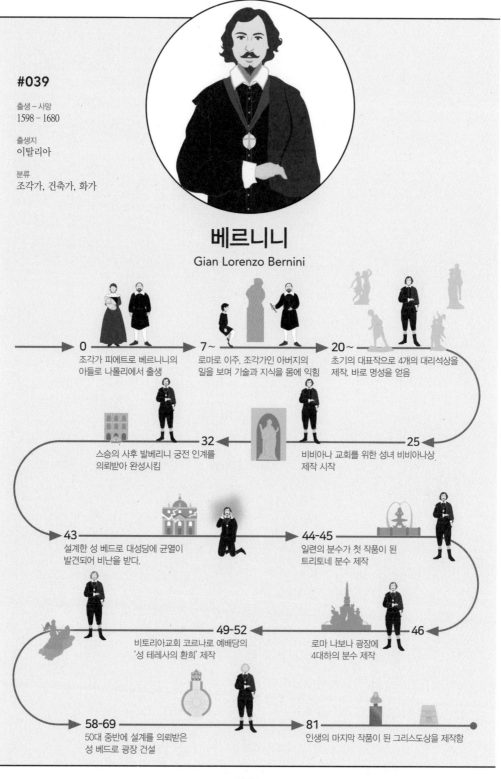

#039

출생 – 사망
1598 – 1680

출생지
이탈리아

분류
조각가, 건축가, 화가

베르니니
Gian Lorenzo Bernini

0
조각가 피에트로 베르니니의
아들로 나폴리에서 출생

7~
로마로 이주. 조각가인 아버지의
일을 보며 기술과 지식을 몸에 익힘

20~
초기의 대표작으로 4개의 대리석상을
제작. 바로 명성을 얻음

25
비비아나 교회를 위한 성녀 비비아나상
제작 시작

32
스승의 사후 발베리니 궁전 인계를
의뢰받아 완성시킴

43
설계한 성 베드로 대성당에 균열이
발견되어 비난을 받다.

44-45
일련의 분수가 첫 작품이 된
트리토네 분수 제작

46
로마 나보나 광장에
4대하의 분수 제작

49-52
비토리아교회 코르나로 예배당의
'성 테레사의 환희' 제작

58-69
50대 중반에 설계를 의뢰받은
성 베드로 광장 건설

81
인생의 마지막 작품이 된 그리스도상을 제작함

더 높은 곳을 지향하지 않는 사람은 더 높은 곳에 있을 수 없다

영국의 시민 혁명 '퓨리턴 혁명'의 지도자. 국왕을 지지하는 '기사당'과 의회를 지지하는 '원정당'의 싸움이 된 이 혁명에 있어서 크롬웰은 '원정당'의 선두에 서서 철기대를 이끌었다. 초반에는 열세였지만 멋지게 승리하자 의회에서 왕실과 밀착되어 있던 장로파를 추방한 다음 연금 상태였던 국왕 찰스 1세를 처형하고 왕정 자체를 끊게 했다. 이로 인해 왕정이 폐지되고 잉글랜드 공화국이 출생하자 크롬웰은 왕권을 대체할 최고 권력을 가진 '호국경'에 취임하여 독재 체제를 쌓아가게 되었다. 그러나 이후 크롬웰이 사망하자 찰스 1세의 아들 찰스 2세가 왕정을 부활시켰다. 더욱이 크롬웰은 반역자로 단죄되었고 무덤을 파헤쳐져서 시체가 절단되었다.

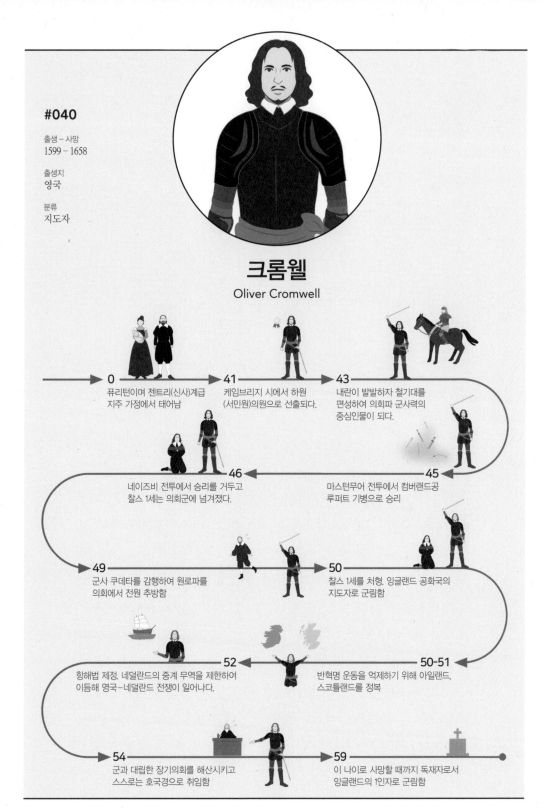

#040

출생 – 사망
1599 – 1658

출생지
영국

분류
지도자

크롬웰
Oliver Cromwell

0
퓨리턴이며 젠트리(신사)계급
지주 가정에서 태어남

41
케임브리지 시에서 하원
(서민원)의원으로 선출되다.

43
내란이 발발하자 철기대를
편성하여 의회파 군사력의
중심인물이 되다.

45
마스턴무어 전투에서 컴버랜드공
루퍼트 기병으로 승리

46
네이즈비 전투에서 승리를 거두고
찰스 1세는 의회군에 넘겨졌다.

49
군사 쿠데타를 감행하여 원로파를
의회에서 전원 추방함

50
찰스 1세를 처형. 잉글랜드 공화국의
지도자로 군림함

50-51
반혁명 운동을 억제하기 위해 아일랜드,
스코틀랜드를 정복

52
항해법 제정. 네덜란드의 중계 무역을 제한하여
이듬해 영국–네덜란드 전쟁이 일어나다.

54
군과 대립한 장기의회를 해산시키고
스스로는 호국경으로 취임함

59
이 나이로 사망할 때까지 독재자로서
잉글랜드의 1인자로 군림함

당신이 알고 있는 것을
반복해서 실천하라
그러면 당신이 지금 모르는 것을
분명히 할 수 있다

17세기 네덜란드 회화의 황금기에 활약한 거장. 스포트라이트를 비춘 듯한 강한 빛에 의한 명료한 명암 대비와 적갈색 또는 녹갈색을 기조로 한 빛나는 색채, 장면 상황을 명확하게 전달하고 극적인 운동성, 등장인물에 나타나는 깊은 정신성을 띤 표정 등이 특징. 그의 이름을 일약 유명하게 한 것이 26세 무렵 발표한 '니콜라스 툴프 박사의 해부학 강의'. 또 대표작 '야경' 외에 네덜란드 총독의 비서가 극찬한 것으로 알려진 '은화 30냥을 돌려주는 유다', 처음으로 주문받은 초상화 '니콜라스 루츠의 초상'도 유명하여 이 작품이 완성된 후에는 많은 초상화 의뢰를 받게 되었다고 한다. 또한 역사화, 신화화 등 스토리성이 높은 작품도 많이 제작되었고 제자들로부터 다른 공방의 20~30배의 수업료를 받을 정도로 인기였다.

#041

출생 – 사망
1606 – 1669

출생지
네덜란드

분류
화가

렘브란트
Rembrandt Harmenszoon van Rijn

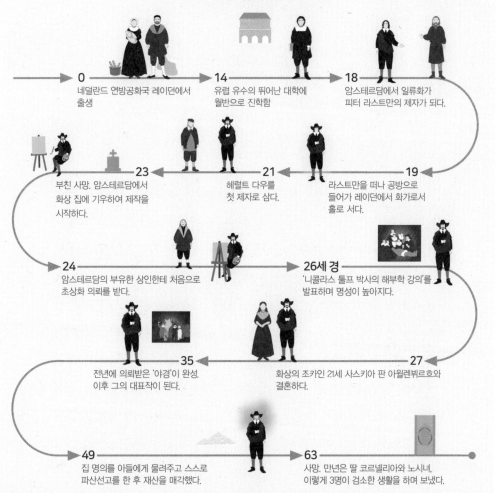

0
네덜란드 연방공화국 레이던에서
출생

14
유럽 유수의 뛰어난 대학에
월반으로 진학함

18
암스테르담에서 일류화가
피터 라스트만의 제자가 되다.

23
부친 사망. 암스테르담에서
화상 집에 기우하여 제작을
시작하다.

21
헤럴트 다우를
첫 제자로 삼다.

19
라스트만을 떠나 공방으로
들어가 레이던에서 화가로서
홀로 서다.

24
암스테르담의 부유한 상인한테 처음으로
초상화 의뢰를 받다.

26세 경
'니콜라스 툴프 박사의 해부학 강의'를
발표하며 명성이 높아지다.

35
전년에 의뢰받은 '야경'이 완성.
이후 그의 대표작이 된다.

27
화상의 조카인 21세 사스키아 판 아윌렌뷔르흐와
결혼하다.

49
집 명의를 아들에게 물려주고 스스로
파산선고를 한 후 재산을 매각했다.

63
사망. 만년은 딸 코르넬리아와 노시녀,
이렇게 3명이 검소한 생활을 하며 보냈다.

인간은 언제나
자신이 이해할 수 없는 일은
무엇이든 부정하고 싶어 한다

철학자, 자연철학자, 물리학자, 사상가, 수학자, 기독교 신학자로 활약하면서 '파스칼의 삼각형', '파스칼의 정리' 등의 발견으로도 유명하다. '인간은 생각하는 갈대다'라는 말로도 유명. 동시대 프랑스의 철학자 데카르트에게도 영향을 받았지만, 철학적 접근방식은 전혀 다른 것이며, 데카르트 자신이 철학의 기초를 닦기 위해 신을 필요로 한 것에 비해 파스칼은 오히려 영혼의 구제나 신에 대한 신앙에 기초를 두는 것으로 철학을 필요로 했다. 세계적으로도 알려진 파스칼의 저술 '팡세'는 사후에 이르러 자필 노트나 메모 등을 정리하여 출판된 것. 자신의 서적 출판을 위한 준비단계에서 생각나는 일을 적어둔 것을 유족들이 편찬해 출판하였다.

출생 – 사망
1623 – 1662

출생지
프랑스

분류
철학자 외

파스칼
Blaise Pascal

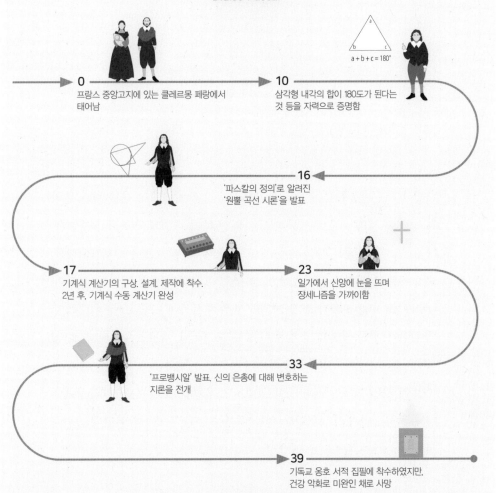

0
프랑스 중앙고지에 있는 클레르몽 페랑에서
태어남

10
삼각형 내각의 합이 180도가 된다는
것 등을 자력으로 증명함

$a + b + c = 180°$

16
'파스칼의 정의'로 알려진
'원뿔 곡선 시론'을 발표

17
기계식 계산기의 구상. 설계. 제작에 착수.
2년 후, 기계식 수동 계산기 완성

23
일가에서 신앙에 눈을 뜨며
장세니즘을 가까이함

33
'프로뱅시알' 발표. 신의 은총에 대해 변호하는
지론을 전개

39
기독교 옹호 서적 집필에 착수하였지만,
건강 악화로 미완인 채로 사망

아틀리에에서 일을 하는 베르메르를 10분이라도 볼 수 있다면 오른팔을 잘라내도 좋다 (by 다리)

네덜란드 연방공화국(현재의 네덜란드) 출신인 바로크 시대를 대표하는 화가의 한 사람. 렘브란트에 버금가는 17세기 네덜란드 회화 황금기의 대표 화가로도 알려져 있다. 동시대의 화가로는 렘브란트외 이탈리아의 카라바조, 스페인의 벨리스케스 등이 있다. 베르메르의 작품은 영상과 같은 사실적 표현과 면밀한 공간구성을 구사하여 그렸으며 정교한 빛의 표현을 통한 질감을 갖고 있는 것이 특징이다. 대표작은 진주 귀걸이를 한 소녀(터번을 두른 소녀) (마우리츠하이스 왕립미술관), 우유를 따르는 여인(암스테르담 국립박물관), 회화의 기술, 알레고리(빈 미술사 박물관) 등. 라피슬 라즐리에서 채취한 선명한 푸른색을 즐겨 사용하였고, 그 색은 현재 '베르메르 블루'라고 불린다.

#043

출생 – 사망
1632 – 1675

출생지
네덜란드

분류
화가

베르메르
Johannes Vermeer

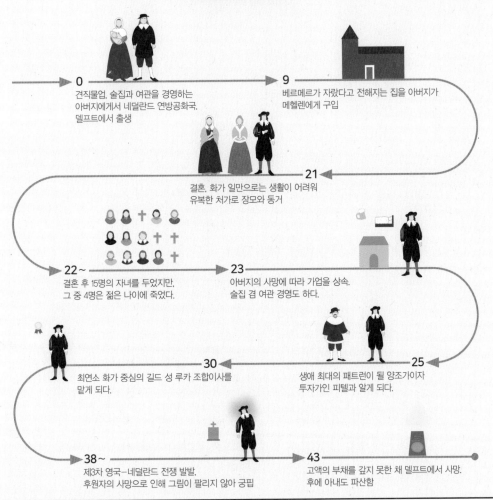

0
견직물업, 술집과 여관을 경영하는
아버지에게서 네덜란드 연방공화국.
델프트에서 출생

9
베르메르가 자랐다고 전해지는 집을 아버지가
메헬렌에게 구입

21
결혼, 화가 일만으로는 생활이 어려워
유복한 처가로 장모와 동거

22~
결혼 후 15명의 자녀를 두었지만,
그 중 4명은 젊은 나이에 죽었다.

23
아버지의 사망에 따라 기업을 상속.
술집 겸 여관 경영도 하다.

25
생애 최대의 패트런이 될 양조가이자
투자가인 피테르 알게 되다.

30
최연소 화가 중심의 길드 성 루카 조합이사를
맡게 되다.

38~
제3차 영국–네덜란드 전쟁 발발.
후원자의 사망으로 인해 그림이 팔리지 않아 궁핍

43
고액의 부채를 갚지 못한 채 델프트에서 사망.
후에 아내도 파산함

자기 자신을 이겨낼 수 있는 사람에게
저항할 수 있는 사람은 거의 없다

17세기 프랑스의 중심인물이었던 '태양왕'으로 불린 절대군주. 1661년에 친정을 시작하면서 중앙집권과 중상주의 정책을 추진. 적극적으로 대외 전쟁을 벌이면서 남네덜란드 계승 전쟁, 네덜란드 전쟁으로 영토를 확장하여 권위를 높임. 즉위한 후 72년 간의 긴 세월에 걸쳐 프랑스 국왕으로 군림. 이는 유럽에서는 전례를 찾아보기 힘든 최장 기록이다. 재위 당시 프랑스는 인구 약 2,000만 명으로 유럽 제일의 국력을 가지고 있었다. 그 국력을 보여주는 사업으로써 미디 운하 건설과 베르사유 궁전 조영을 추진하였는데 오랫동안 계속된 침략 전쟁과 궁중의 사치는 점점 재정을 궁핍하게 만들었다. 특히 치세 후반에 일어난 팔츠 전쟁과 스페인 계승 전쟁에서 고전한 것은 만년에 프랑스를 심각한 재정난에 빠뜨린 원인으로 꼽힌다.

#044

출생 – 사망
1638 – 1715

출생지
프랑스

분류
국왕

루이 14세
Louis XIV

0
프랑스 국왕 루이 13세의 장남으로 출생

4
아버지의 사망으로 4세에 왕위 계승.
즉위 후 8년은 어머니가 섭정 통치

23
베르사유 궁전의 조영을 시작.
공사는 1710년까지 계속됨

23
재상 마자랭의 사망으로 친정을 선언.
국내의 절대적인 권력을 장악

28
왕립과학 아카데미를 설립하여 과학자를
보호함

29-30
스페인령이었던 남네덜란드의 영유를
주장하며 출병

46
낭트의 왕령을 폐지. 개신교의 신앙을 인정하지
않기로 함

34-39
영국 찰스 2세와의 밀약을 맺고 공동으로
네덜란드와 싸움

63-76
왕비가 스페인 출신인 이유로 손자의 계승권을
주장하며 스페인 계승 전쟁. 출병

77
사망. 아들, 손자 모두 앞서 사망했기 때문에
증손자가 루이 15세로 왕위에 올랐다.

오늘 할 수 있는 일에 전력을 다하라
그렇다면 내일은
한층 더 진보가 있으리라

영국의 수학자, 물리학자, 천문학자, 철학자, 자연철학자로 자연철학 사상 전무후무한 대천재라고 불린다. 실용적인 망원경을 처음으로 고안했고, 만유인력을 이론화한 것으로 알려져 있다. 수학 분야에서는 미분적분학에도 힘써 독일의 수학자 고트프리트 라이프니츠와 거의 같은 시기에 미분법과 적분법을 개발했다. 이들은 현재까지도 수학자와 과학자에게 중요한 기초지식이다. 또한 광학에도 관심을 갖고 있던 뉴턴은 프리즘에 빛을 비추는 실험을 하여 '태양광의 흰 빛은 모든 색의 빛이 혼합되어 만들어진 것이다'라는 것을 증명. 더욱이 '굴절한 각도는 색에 따라 다르다'는 것도 확인하여, 당시 망원경에서 생기는 '색수차'를 개선한 '뉴턴식 반사 망원경'을 발명했다.

#045

출생 – 사망
1642 – 1727

출생지
영국

분류
수학자 외

뉴턴
Sir Isaac Newton

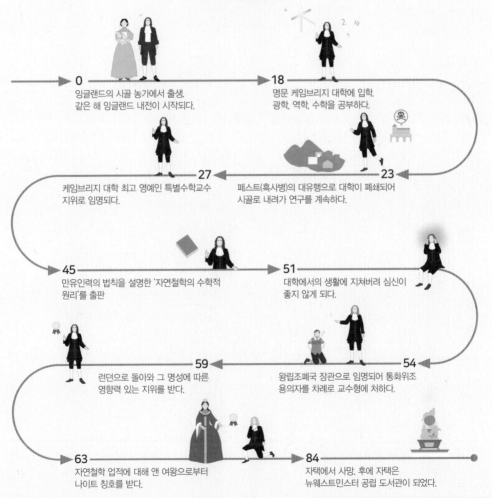

0
잉글랜드의 시골 농가에서 출생.
같은 해 잉글랜드 내전이 시작되다.

18
명문 케임브리지 대학에 입학.
광학, 역학, 수학을 공부하다.

27
케임브리지 대학 최고 영예인 특별수학교수
지위로 임명되다.

23
페스트(흑사병)의 대유행으로 대학이 폐쇄되어
시골로 내려가 연구를 계속하다.

45
만유인력의 법칙을 설명한 '자연철학의 수학적
원리'를 출판

51
대학에서의 생활에 지쳐버려 심신이
좋지 않게 되다.

59
런던으로 돌아와 그 명성에 따른
영향력 있는 지위를 받다.

54
왕립조폐국 장관으로 임명되어 통화위조
용의자를 차례로 교수형에 처하다.

63
자연철학 업적에 대해 앤 여왕으로부터
나이트 칭호를 받다.

84
자택에서 사망. 후에 자택은
뉴웨스트민스터 공립 도서관이 되었다.

어려운 일은 대담하게 밀고 나간다
그러면 마음에 후회는 없다

청나라 왕조는 북경에 생겨난 중국식 이름을 가진 최초의 황제이다. 재위 기간은 1661~1722년. 묘호는 성조, 휘(실명의 호칭)는 현휘. 8세의 나이로 즉위한 초기에는 4명의 보정대신의 손에 실권이 있었으나 그 중 한 명인 오보이(鰲拜)를 제거한 후 보정대신 체제를 없애고 명실상부 황제로서의 통치권을 장악했다. 이후 운남, 광동, 복건의 삼번이 '삼번폐지령'에 반대하여 삼번의 난을 일으키지만, 이것을 진화한 후 러시아와 몽골에까지 국토를 넓혔다. 내정 면에서는 국가재정의 잉여에 따른 성세자생 인정은(盛世滋生 人丁銀), 황하의 치수 등을 실시하고 이어 옹정제, 건륭제의 3대에 걸쳐 청나라 왕조의 최고 전성기를 현출. 또한 서양학술을 도입하는 등 학예 진흥에도 힘쓴 인물로도 알려져 있다. '고금도서집성', '강희자전'의 편찬. 예수회 선교사의 기술을 이용한 중국의 실측지도인 '황여전람도' 작성 등을 실시했다.

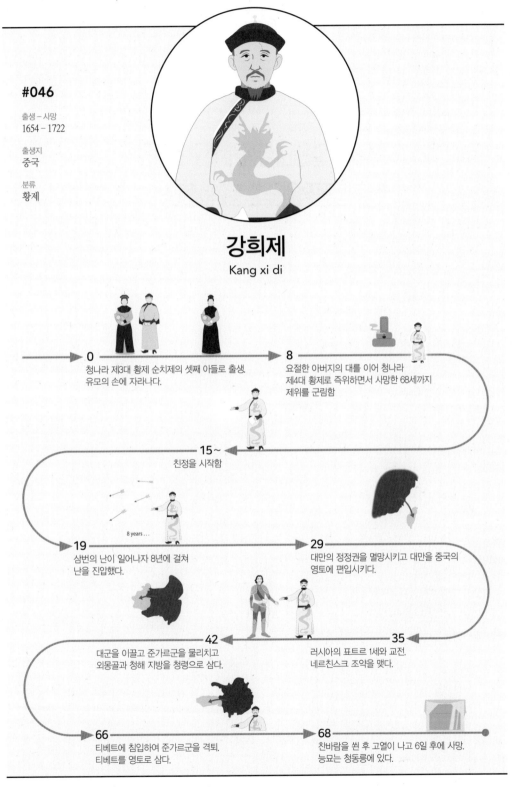

#046

출생 – 사망
1654 – 1722

출생지
중국

분류
황제

강희제
Kang xi di

0
청나라 제3대 황제 순치제의 셋째 아들로 출생.
유모의 손에 자라나다.

8
요절한 아버지의 대를 이어 청나라
제4대 황제로 즉위하면서 사망한 68세까지
제위를 군림함

15~
친정을 시작함

19
삼번의 난이 일어나자 8년에 걸쳐
난을 진압했다.

8 years ...

29
대만의 정정권을 멸망시키고 대만을 중국의
영토에 편입시키다.

42
대군을 이끌고 준가르군을 물리치고
외몽골과 청해 지방을 청령으로 삼다.

35
러시아의 표트르 1세와 교전.
네르친스크 조약을 맺다.

66
티베트에 침입하여 준가르군을 격퇴.
티베트를 영토로 삼다.

68
찬바람을 쐰 후 고열이 나고 6일 후에 사망.
능묘는 청동릉에 있다.

돈은
전쟁의 주요 동맥이다

초대 러시아 황제. 러시아 차르국의 황제(군주)로서, 하나의 왕국으로 밖에 인식되지 않았던 러시아를 제국으로까지 승화시켰다. 또 러시아의 군사 강화와 서양화, 근대화 등을 추진하여 오늘날의 이은 러시아의 기반을 갖추었다. 1697~1698년에 황제이면서 유럽 각국을 시찰한 것이 배경이다. 이 외유로 자극을 받은 표트르는 귀국 후 서구식 양복을 선호하게 되었을 뿐만 아니라 주변 귀족들의 턱수염을 자르는 데도 힘썼다. 이는 그동안 러시아 귀족들은 턱수염을 기르는 것이 일반적이었지만, 새로운 시대에 맞지 않는다고 판단했기 때문이다. 이후 스웨덴의 패권을 둘러싼 북방 전쟁(1700~1721년)에 승리함으로써 러시아는 영토를 넓혀 '표트르 대제'라고 불리게 되었다.

#047

출생 - 사망
1672 - 1725

출생지
러시아

분류
황제

표트르 1세

Peter I

0
알렉세이 1세의 14번째 아들로,
2번째 왕비에게서 출생

10
아버지 사망. 이복형과 공동 통치자로 취임 후
어머니와 함께 궁정을 추방 당하다.

25
약 250명의 사절단과 함께
1년 반 동안 가명으로 유럽
정찰에 나섬.

24
형 사망. 단독 통치하는 군주로
취임. 곧바로 권력의 중앙집권화를
실행함

16
결혼. 3명의 자녀를 두지만,
성인이 된 것은 장남 뿐이었다.

26
사이가 좋지 않았던 아내와 이혼. 아내를
수도원으로 추방. 모반을 일으킨 아들은
옥중에서 사망

39
상트페테르부르크 성 아이작 대성당에서
연인 예카테리나와 결혼

48
전 러시아 황제를 의미하는 임페라토르
칭호를 채택함

41
페트로드보레츠에 궁전 건설을 시작.
현재에도 관광지로 활기차다.

51
예카테리나에게 황후 칭호 수여.
이로써 러시아 최초의 황후 출생

52
전년부터 앓고 있던 방광염이 원인으로
사망함

나는 어쩔 수 없이 근면한 것 같다
누구든지 똑같이 근면한 자는
똑같이 성공할 것이다

바로크 음악의 모든 양식을 통합하여 다성음악의 극치를 완성. 서구 음악의 기초를 확립시켰다. 200년 간 지속된 음악가 집안에서도 특별히 뛰어났기 때문에 '대바흐'라고 부른다. 또 서양음악사상 최고봉으로 군림하는 음악가이기 때문에 '음악의 아버지'로도 불린다. 생애 대부분을 교회음악가로 지냈으며, 수많은 칸타타와 기타 종교곡, 협주곡, 실내악곡, 오르간 작품 등을 남겼다. 그 중에서도 푸가의 작곡에는 대단한 재능이 있었다고 한다. 대표곡은 토카타와 푸가 d단조(오르간곡), 아베 마리아(성악곡), G선상의 아리아(피아노 반주가 있는 바이올린 독주곡), 예수, 인간 소망의 기쁨(오케스트라 반주 성악곡), 평균율 클라비아곡집(건반악기곡) 등

#048

출생 – 사망
1685 – 1750

출생지
독일

분류
음악가

바흐

Johann Sebastian Bach

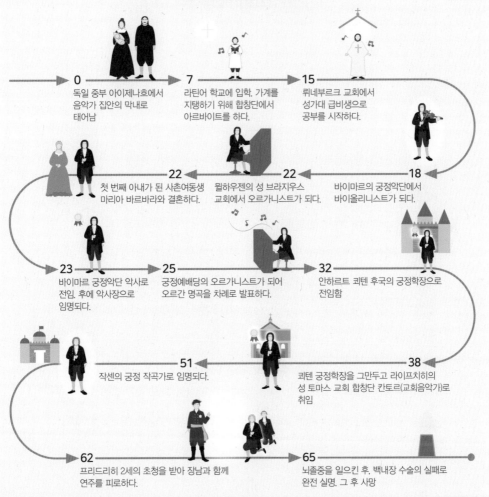

0 독일 중부 아이제나흐에서 음악가 집안의 막내로 태어남

7 라틴어 학교에 입학. 가계를 지탱하기 위해 합창단에서 아르바이트를 하다.

15 뤼네부르크 교회에서 성가대 급비생으로 공부를 시작하다.

18 바이마르의 궁정악단에서 바이올리니스트가 되다.

22 뮐하우젠의 성 브라지우스 교회에서 오르가니스트가 되다.

22 첫 번째 아내가 된 사촌여동생 마리아 바르바라와 결혼하다.

23 바이마르 궁정악단 악사로 전임. 후에 악사장으로 임명되다.

25 궁정예배당의 오르가니스트가 되어 오르간 명곡을 차례로 발표하다.

32 안하르트 쾨텐 후국의 궁정학장으로 전임함

38 쾨텐 궁정학장을 그만두고 라이프치히의 성 토마스 교회 합창단 칸토르(교회음악가)로 취임

51 작센의 궁정 작곡가로 임명되다.

62 프리드리히 2세의 초청을 받아 장남과 함께 연주를 피로하다.

65 뇌졸중을 일으킨 후, 백내장 수술의 실패로 완전 실명. 그 후 사망

고난을 예측하지 말라
결코 일어나지 않을 지도 모른다
알 수 없는 일에 마음을 괴롭히지 말라
마음속에는 언제나 태양을 품어라

정치가, 외교가 외에 저술가, 물리학자, 기상학자로도 활약. 토머스 제 퍼슨 등과 함께 미국 독립선언의 기초위원 중 한 명이 된 점에서 '미국 건국의 아버지'라고 부른다. 또 기초위원 중 유일하게 노예 폐지를 호소 한 것으로도 알려져 있으며 미국 독립 전쟁 당시 프랑스의 지원을 받아 낸 것으로도 유명하다. 자신이 저술한 '프랭클린 자서전'은 스테디셀러 가 되었다. 물리학자로서는 폭풍우 속에서 연을 날려 번개가 전기임을 증명하는 것 외에 피뢰침, 프랭클린 스토브(연소효율이 좋은 스토브) 등도 발명. 여름 태양이 나오는 시간대를 효율적으로 활용하기 위해 현행 시 간에 1시간을 더한 타임존 '서머타임'도 고안하였지만, 당시에는 채택되 지 않았다.

#049

출생 – 사망
1706 – 1790

출생지
미국

분류
정치가 외

벤자민 프랭클린
Benjamin Franklin

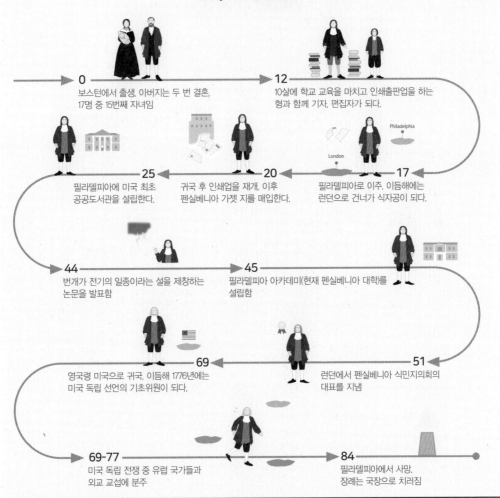

0
보스턴에서 출생. 아버지는 두 번 결혼,
17명 중 15번째 자녀임

12
10살에 학교 교육을 마치고 인쇄출판업을 하는
형과 함께 기자, 편집자가 된다.

25
필라델피아에 미국 최초
공공도서관을 설립한다.

20
귀국 후 인쇄업을 재개. 이후
펜실베니아 가젯 지를 매입한다.

17
필라델피아로 이주. 이듬해에는
런던으로 건너가 식자공이 된다.

44
번개가 전기의 일종이라는 설을 제창하는
논문을 발표함

45
필라델피아 아카데미(현재 펜실베니아 대학)를
설립함

69
영국령 미국으로 귀국. 이듬해 1776년에는
미국 독립 선언의 기초위원이 된다.

51
런던에서 펜실베니아 식민지의회의
대표를 지냄

69-77
미국 독립 전쟁 중 유럽 국가들과
외교 교섭에 분주

84
필라델피아에서 사망.
장례는 국장으로 치러짐

우리들은 무지의 의해 길을 헤매는 것은 아니다 자신이 알고 있다고 믿음으로써 헤매는 것이다

제네바 공화국(현재의 스위스 도시) 출신의 철학자, 정치철학자, 작곡가로 '학문예술론', '인간불평등기원론', '사회계약론', '에밀' 등 유명한 저서도 많다. 이들 작품과 루소의 자세는 프랑스혁명 등에 많은 영향을 주었다. 저서를 통해 당시의 인공적이고 퇴폐적인 사회를 날카롭게 비판. 사회의 인습을 벗어나 '자연으로 돌아가라'고 말하며 낭만주의의 선구를 이루었다. 풍자를 많이 담은 작풍으로 인해 적이 많았으며, 한때는 국외 추방을 선고받고 방랑하기도 했다. 작곡가로서는 오페라 '마을의 점쟁이'로 알려져 있지만, 이 작품의 삽입곡은 후에 일본에서 동요 '주먹 쥐고 손을 펴서'가 되었다. 이 오페라는 모차르트에 의하면 오페라 바스티앙과 바스티엔의 모티브가 되었다고 한다.

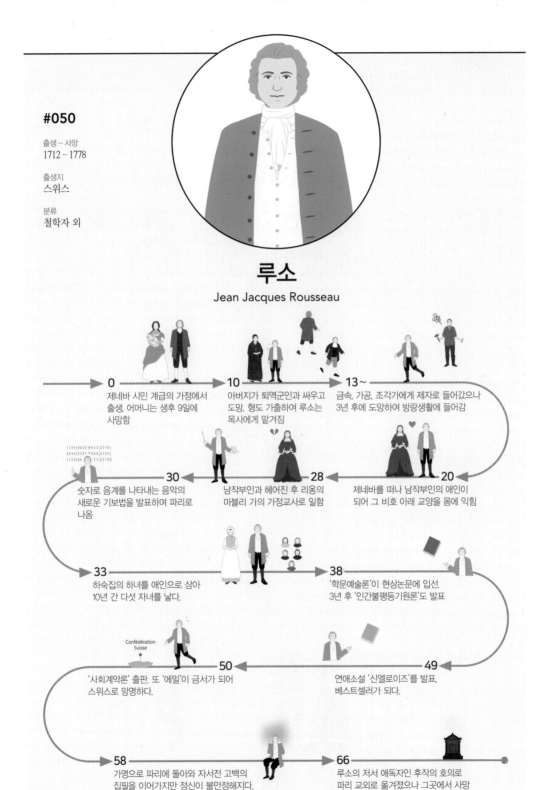

#050

출생 – 사망
1712 – 1778

출생지
스위스

분류
철학자 외

루소
Jean Jacques Rousseau

0
제네바 시민 계급의 가정에서 출생. 어머니는 생후 9일에 사망함

10
아버지가 퇴역군인과 싸우고 도망. 형도 가출하여 루소는 목사에게 맡겨짐

13~
금속, 가공, 조각가에게 제자로 들어갔으나 3년 후에 도망하여 방랑생활에 들어감

30
숫자로 음계를 나타내는 음악의 새로운 기보법을 발표하며 파리로 나옴

28
남작부인과 헤어진 후 리옹의 마블리 가의 가정교사로 일함

20
제네바를 떠나 남작부인의 애인이 되어 그 비호 아래 교양을 몸에 익힘

33
하숙집의 하녀를 애인으로 삼아 10년 간 다섯 자녀를 낳다.

38
'학문예술론'이 현상논문에 입선. 3년 후 '인간불평등기원론'도 발표

50
'사회계약론' 출판. 또 '에밀'이 금서가 되어 스위스로 망명하다.

49
연애소설 '신엘로이즈'를 발표, 베스트셀러가 되다.

58
가명으로 파리에 돌아와 자서전 고백의 집필을 이어가지만 정신이 불안정해지다.

66
루소의 저서 애독자인 후작의 호의로 파리 교외로 옮겨졌으나 그곳에서 사망

Murasaki Shikibu
무라사키 시키부

결혼 후 불과 3년 후에 찾아온 남편의
죽음을 극복하기 위해 '겐지모노가타리'의
집필을 시작으로 작가로서의 활동을 시작한 후
이치조 천황의 부인인 후지와라노 쇼시의
가정교사 일을 시작했다.

➡ P.036

Hui Zong
휘종

서화의 재능이 넘쳐서 예술을
보호한 황제로 알려진 휘종이었지만
젊은 나이에 어쩔 수 없이 정무에
임해야 했다. 그러나 이후 다시 붓을
들어 '원체화'를 완성하게 된다.

➡ P.038

Johannes Gutenberg
구텐베르크

상인의 아들로 태어나 청년기는
금속 가공을 직업으로 솜씨를 닦은
구텐베르크. 이후 유럽 최초의 활판
인쇄기를 제작하여 인쇄소를 창업.
많은 작품을 남겼다.

➡ P.052

Benjamin Franklin

벤자민 프랭클린

젊은 나이에 형 밑에서 기자와
편집자로 일을 시작하여, 식자공과
인쇄업에도 종사. 이후 69세의
나이로 미국 독립선언의 기초위원이
되면서 정치가로도 활약하게 되었다.

➡ P. 108

Inou Tadataka

이노 타다타카

이노가의 데릴사위가 되어 가업인
주조업에 힘써 성공을 거두면서
명주로서 마을을 통솔하였다.
은거 후에는 측량법 등을 배워
일본의 지도 제작에 힘썼다.

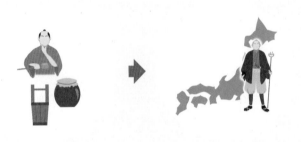

➡ P. 124

Mohandas Karamchand Gandhi

간디

런던에서 법률을 배워 변호사가 된 후
영국령 남아프리카로 건너간 그는
인도인에 대한 인종차별에 충격을 받아
정치 활동에도 관여하였다.

➡ P. 186

모든 것을 지키려는 자는
아무것도 지키지 못한다

아버지이자 프리드리히 빌헬름 1세가 사망함에 따라 제3대 프로이센 왕으로 즉위. 국력 증강에 열심히 프로이센을 강국으로 만들어 갔다. 어린 시절에는 플루트 연주와 철학을 좋아하는 온화한 성격으로 폭력적인 아버지로부터 벗어나려고 국외로 도피를 시도하기도 함. 그러나 이때 동행한 친구가 눈앞에서 처형되자 아버지에 대해 순종했다. 하지만 이후에도 예술과 학문에 널리 친숙하여 철인왕(哲人王)으로 불리었다. 또한 플루트는 작곡도 능숙하게 할 정도의 역량 외에도 철학자 볼테일과 친밀하게 교제하며 총 30권에 이르는 방대한 저서를 저술하였다. 이러한 공로를 인정받아 '프리드리히 대왕'이라는 존칭도 있다. 또 철학자 칸트는 그의 통치를 '프리드리히의 세기'라고 칭하였다.

#051

출생 – 사망
1712 – 1786

출생지
독일

분류
국왕

프리드리히 2세
Friedrich II

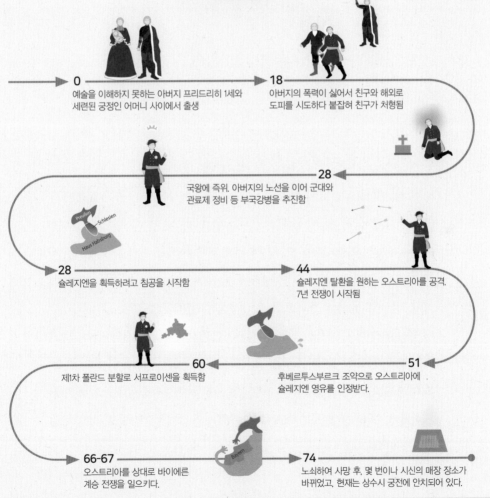

0
예술을 이해하지 못하는 아버지 프리드리히 1세와
세련된 궁정인 어머니 사이에서 출생

18
아버지의 폭력이 싫어서 친구와 해외로
도피를 시도하다 붙잡혀 친구가 처형됨

28
국왕에 즉위. 아버지의 노선을 이어 군대와
관료제 정비 등 부국강병을 추진함

28
슐레지엔을 획득하려고 침공을 시작함

44
슐레지엔 탈환을 원하는 오스트리아를 공격.
7년 전쟁이 시작됨

60
제1차 폴란드 분할로 서프로이센을 획득함

51
후베르투스부르크 조약으로 오스트리아에
슐레지엔 영유를 인정받다.

66-67
오스트리아를 상대로 바이에른
계승 전쟁을 일으키다.

74
노쇠하여 사망 후, 몇 번이나 시신의 매장 장소가
바뀌었고, 현재는 상수시 궁전에 안치되어 있다.

나는 마지막까지
누구보다 자비로운 여왕이며
반드시 정의를 지키는 국모이고 싶다

명가 합스부르크 왕가의 여제. 아버지인 카를 6세에게 아들이 태어나지 않았기 때문에 프라그마티셰 장크치온(합스부르크 가문의 가독승계법으로 여자의 가독 상속권을 인정하는 것)에 의해 최초의 여성 군주가 되었다. 이후 40년 간 재임. 오스트리아 대공녀 즉위 시, 프로이센의 국왕 프리드리히 2세에 의한 상속조건으로 슐레지엔의 할양을 요구받는 점 등을 시작으로 오스트리아 계승 전쟁이 발발. 슐레지엔은 잃었지만 가독의 상속은 인정받았다. 그 후 복수를 결심하고 러시아, 프랑스와의 관계를 강화해 프로이센을 고립시키는 것에 성공. 사실상 여제로서 오스트리아를 통치했다. 또한 생애 16명의 자녀를 두었는데 그 중 가장 유명한 막내딸이 마리 앙투아네트이다.

#052

출생 – 사망
1717 – 1780

출생지
오스트리아

분류
황제

마리아 테레지아
Maria Theresia

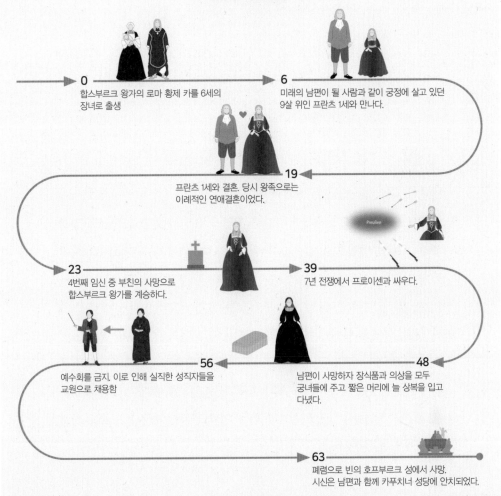

0
합스부르크 왕가의 로마 황제 카를 6세의 장녀로 출생

6
미래의 남편이 될 사람과 같이 궁정에 살고 있던 9살 위인 프란츠 1세와 만나다.

19
프란츠 1세와 결혼. 당시 왕족으로는 이례적인 연애결혼이었다.

23
4번째 임신 중 부친의 사망으로 합스부르크 왕가를 계승하다.

39
7년 전쟁에서 프로이센과 싸우다.

48
남편이 사망하자 장식품과 의상을 모두 궁녀들에게 주고 짧은 머리에 늘 상복을 입고 다녔다.

56
예수회를 금지. 이로 인해 실직한 성직자들을 교원으로 채용함

63
폐렴으로 빈의 호프부르크 성에서 사망. 시신은 남편과 함께 카푸치너 성당에 안치되었다.

나는 소리 높여 칭찬하고
소리 낮춰 꾸짖는다

남편 표트르 3세가 근위 연대의 쿠데타로 실각한 뒤 30년 넘게 러시아 여제로 군림. 유럽 정치에서 막강한 권력을 유지하였다. 폴란드 분할을 통해 동유럽 방면으로 영토를 확장하였고 더 나아가 알래스카를 항구적인 식민지로 만드는 (알래스카는 1867년에 미국에 매각됨) 등으로 러시아의 대국화를 추진한 황제였다. 당시 서유럽은 산업혁명이 일어나고 있던 시대. 유럽의 동쪽 끝에 위치한 러시아도 근대화를 서두를 필요가 있었다. 그래서 즉위 후에는 계몽전제군주로서 개혁을 추진하여 국가기구 정비에 힘쓰는 것부터 착수. 또한 문학과 예술 보호에 앞장섰던 것으로도 알려져 있지만, 한편으로 다수의 애인과 관계를 가지는 스캔들러스한 일면도 있었다.

#053

출생 – 사망
1729 – 1796

출생지
폴란드

분류
황제

예카테리나 2세
Catherine II

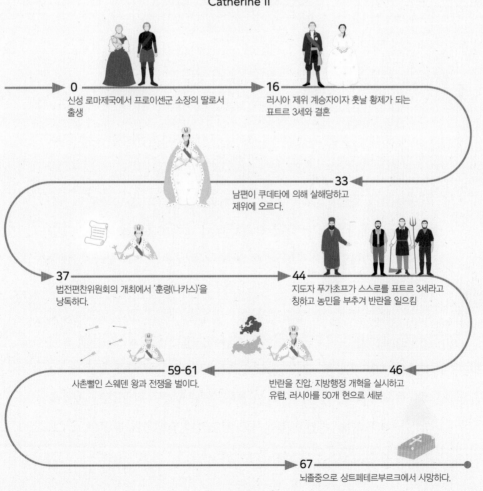

0
신성 로마제국에서 프로이센군 소장의 딸로서
출생

16
러시아 제위 계승자이자 훗날 황제가 되는
표트르 3세와 결혼

33
남편이 쿠데타에 의해 살해당하고
제위에 오르다.

37
법전편찬위원회의 개최에서 '훈령(나카스)'을
낭독하다.

44
지도자 푸가초프가 스스로를 표트르 3세라고
칭하고 농민을 부추겨 반란을 일으킴

59-61
사촌뻘인 스웨덴 왕과 전쟁을 벌이다.

46
반란을 진압. 지방행정 개혁을 실시하고
유럽, 러시아를 50개 현으로 세분

67
뇌졸중으로 상트페테르부르크에서 사망하다.

안 되는 일은 떠맡지 말고
약속을 지키는 일에는 세심하라

미국의 초대 대통령. 독립 전쟁의 지휘관으로서 미국을 승리로 이끌었던 '미국 건국의 아버지'. 대통령 취임 후에는 국가 조직을 만드는 데 주력하였다. 아버지와 이복형으로부터 교육을 받고 토지 측량사가 된 후 의형의 농원을 상속받았다. 그 후 프렌치 인디언 전쟁에서는 민병 군사관으로 종군. 영국군과 협력하여 싸워 전공을 세웠다. 결혼 후에는 농원 경영을 확대하고 버지니아 대의원 의원을 지냈으며 전형적인 젠틀맨 프랜터의 길을 가지만, 흑인노예제에 의한 담배 생산이 막혀 곡물 생산과 매뉴팩처, 서부 토지 투기에서 타개책을 찾으려 했다. 이에 7년 전쟁 후 중상주의 강화책, 식민지인의 서부 진출작에 반발하여 광대한 서부를 영토로 하는 미국 수립에 힘을 기울이게 되었다.

#054

출생 – 사망
1732 – 1799

출생지
미국

분류
정치가

조지 워싱턴
George Washington

0 버지니아 식민지에서 흑인노예 플랜테이션을 경영하는 가정에서 출생

17 배우고 있던 측량 지식을 활용하여 공적 측량사의 지위에 오르다.

26 존 포브스의 원정군 참가. 듀케인 요새 프랑스군을 제거

22 버지니아 시민군 대령으로 임명되어 프랑스 군대와 맞서 싸워 항복하고 사임

20 버지니아 민병대장인 맏형이 사망. 지역 중 하나를 계승하여 소령이 되다.

26 버지니아 대의회 의원으로 선출되다. 이후 15년간 의원직을 수행하다.

27 미망인 마사와 결혼. 둘 사이에 아이는 없고 마사의 의붓자식 둘을 키웠다.

55-56 미국 헌법의 제정회의 의장을 맡아 전 13주가 새로운 헌법을 비준. 56세의 나이로 미국 초대 대통령이 되다.

49 요크타운 전투. 미국 독립 전쟁을 결정적 승리로 이끌다.

43 독립 전쟁에서 식민지군 총사령관에 임명되다.

Mount Vernon

65 대통령직을 사임하고 버지니아 주 마운트 버논 농원으로 돌아오다.

67 자택에서 사망. 친구인 의사 제임스 그레이크와 비서가 간병했다고 한다.

나는 운의 존재를 믿고 있다
그리고 그 운은 내가 노력하면 할수록
내게 달라붙는다는 것을 알고 있다

미국의 제3대 대통령. 독립선언의 기초자 중 한 사람. 존 록과 볼테일 등 계몽주의 철학자들의 사상에 깊은 영향을 받아 20대에 정치 입문. 1776년 미국 독립선언을 기초하는 위원회의 위원으로 임명되었을 때 존 로크의 사상을 도입한 독립선언에 의해 독립파가 왕의 지배에 반항하는 이유를 대며 독립파의 심정을 표명했다. 대표적인 구절은 모든 인간은 태어날 때부터 평등하며 그 창조주에 의해 생명, 자유 및 행복 추구를 포함한 불가침의 권리를 부여받는다. 그의 지도 아래 미국은 프랑스로부터 루이지애나 지역(현재의 미 중부지역)을 매입. 이로써 건국 후 얼마 되지 않은 미국 영토는 2배가 되었다. 여생을 보낸 '몬티첼로의 저택'은 스스로 설계하였다.

#055

출생 – 사망
1743 – 1826

출생지
미국

분류
정치가

토머스 제퍼슨
Thomas Jefferson

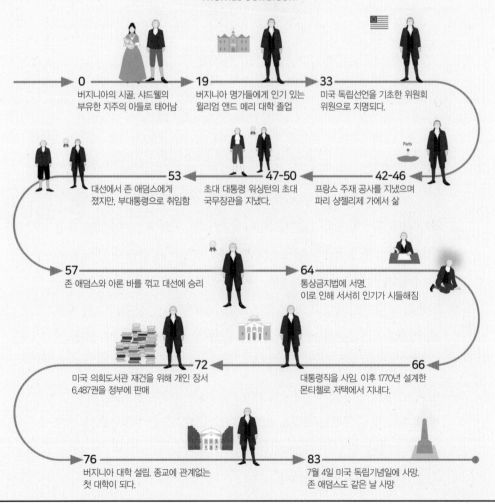

0
버지니아의 시골, 샤드웰의
부유한 지주의 아들로 태어남

19
버지니아 명가들에게 인기 있는
윌리엄 앤드 메리 대학 졸업

33
미국 독립선언을 기초한 위원회
위원으로 지명되다.

42-46
프랑스 주재 공사를 지냈으며
파리 샹젤리제 가에서 삶

47-50
초대 대통령 워싱턴의 초대
국무장관을 지냈다.

53
대선에서 존 애덤스에게
졌지만, 부대통령으로 취임함

57
존 애덤스와 아론 바를 꺾고 대선에 승리

64
통상금지법에 서명.
이로 인해 서서히 인기가 시들해짐

66
대통령직을 사임. 이후 1770년 설계한
몬티첼로 저택에서 지내다.

72
미국 의회도서관 재건을 위해 개인 장서
6,487권을 정부에 판매

76
버지니아 대학 설립. 종교에 관계없는
첫 대학이 되다.

83
7월 4일 미국 독립기념일에 사망.
존 애덤스도 같은 날 사망

계속해서
걷는 것의 중요성

에도시대의 측량가로 알려진 타다타카가 50세로 은거할 때까지는 상인으로서 마을 사람들의 생활을 도왔다. 18세에 주조가인 이노가의 데릴사위로 들어가 가업을 이어 열심히 일한 후 에도에 지점을 낼 정도로 성공시켜 명주로서 마을을 통솔하였으며, 굶주림에는 사재를 털어 마을 사람들을 돕기도 하였다. 만년에는 수학, 역학에 큰 관심을 가지고 에도의 천문학자인 다카하시 지토키의 문하생이 되어 학문에 몰두하였다. 이후 에조지 측량을 실시하여 전국의 측량을 목표로 17년간 각지를 돌아다니고, 이 사이 막부의 측량방 관리로 취임, 사재도 털게 되었다.

일본 최초의 실측지도 제작을 위해 이노가 각지를 측량하고 다닌 날짜는 약 3,700일 이상이다. 측량 거리는 약 4만 킬로에 이르며, 천체관측 지점 수는 1,203개소나 되었다.

#056

출생 – 사망
1745 – 1818

출생지
일본

분류
상인, 측량가

이노 타다타카
Inou Tadataka

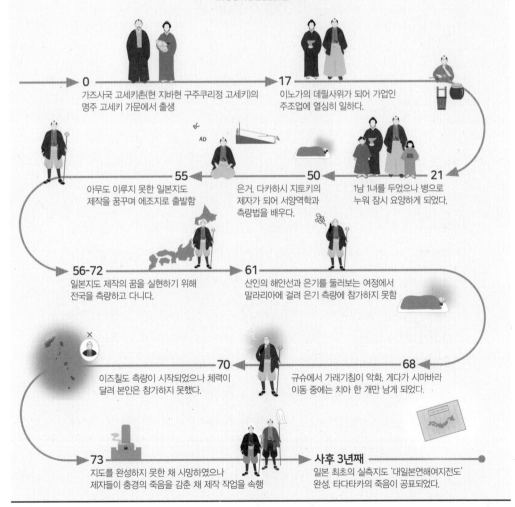

0 가즈사국 고세키촌(현 지바현 구주쿠리정 고세키)의 명주 고세키 가문에서 출생

17 이노가의 데릴사위가 되어 가업인 주조업에 열심히 일하다.

21 1남 1녀를 두었으나 병으로 누워 잠시 요양하게 되었다.

50 은거. 다카하시 지토키의 제자가 되어 서양역학과 측량법을 배우다.

55 아무도 이루지 못한 일본지도 제작을 꿈꾸며 에조지로 출발함

56-72 일본지도 제작의 꿈을 실현하기 위해 전국을 측량하고 다니다.

61 산인의 해안선과 은기를 둘러보는 여정에서 말라리아에 걸려 은기 측량에 참가하지 못함

68 규슈에서 가래기침이 악화. 게다가 시마바라 이동 중에는 치아 한 개만 남게 되었다.

70 이즈칠도 측량이 시작되었으나 체력이 달려 본인은 참가하지 못했다.

73 지도를 완성하지 못한 채 사망하였으나 제자들이 충경의 죽음을 감춘 채 제작 작업을 속행

사후 3년째 일본 최초의 실측지도 '대일본연해여지전도' 완성. 타다타카의 죽음이 공표되었다.

초조해하는 것은 아무 소용도 없다
후회는 더욱 소용이 없다
조바심은 잘못을 더하고
후회는 새로운 후회를 만든다

시인, 극작가, 소설가, 자연과학자, 정치가, 법률가로서 활약. 유복한 가정에서 태어나 라이프치히 대학교와 스트라스부르 대학교에서 법을 공부하였지만, 철학자 헬더와의 만남을 계기로 문학에 눈을 뜨고, 당시 독일에 홍하던 젊은 세대에 의한 문학 운동 '슈투름 운트 드랑' 운동에 참가. 그 기념비적 희곡 '괴츠 폰 베를리힝겐'과 소설 '젊은 베르테르의 슬픔'으로 일약 이름을 높였다. 30대가 된 이후에는 바이마르 공국의 요직을 역임, 이탈리아 여행과 친구 실러와의 교류를 양식으로 하며 독일 고전주의 문학을 확립. 로만파에 큰 영향을 준 소설 '빌헬름 마이스터', '파우스트', 서사시 '헤르만과 도로테아' 등 다채로운 작품을 남겼다. 실러와의 왕복 서한집도 유명하다.

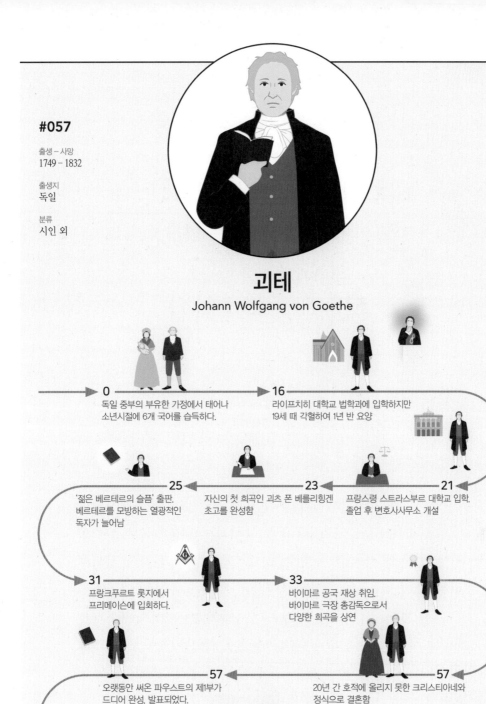

#057

출생 – 사망
1749 – 1832

출생지
독일

분류
시인 외

괴테

Johann Wolfgang von Goethe

0
독일 중부의 부유한 가정에서 태어나
소년시절에 6개 국어를 습득하다.

16
라이프치히 대학교 법학과에 입학하지만
19세 때 각혈하여 1년 반 요양

25
'젊은 베르테르의 슬픔' 출판.
베르테르를 모방하는 열광적인
독자가 늘어남

23
자신의 첫 희곡인 괴츠 폰 베를리힝겐
초고를 완성함

21
프랑스령 스트라스부르 대학교 입학.
졸업 후 변호사사무소 개설

31
프랑크푸르트 롯지에서
프리메이슨에 입회하다.

33
바이마르 공국 재상 취임.
바이마르 극장 총감독으로서
다양한 희곡을 상연

57
오랫동안 써온 파우스트의 제1부가
드디어 완성, 발표되었다.

57
20년 간 호적에 올리지 못한 크리스티아네와
정식으로 결혼함

59
'젊은 베르테르의 슬픔' 애독자인 나폴레옹과
대편을 이룸

82
외아들이 사망한 다음 해에 사망.
죽기 전 해에 '파우스트' 제2부를 출판

많은 것을 이루는 지름길은
한 번에 한 가지 일만 하는 것이다

잘츠부르크 대주교부 음악가인 아버지, L. 모차르트로부터 지도를 받은 결과, 어릴 적에 음악의 재능이 개화. 어린 시절부터 아버지와 함께 유럽 각지를 연주 여행하게 된다. 그동안 잘츠부르크 대주교를 섬겼는데 후에 대주교로 취임한 콜로레도와 적대적인 관계로 인해 25세 때 독립. 빈에 이르러 작곡가, 연주가, 음악교사로 활동하게 되었다. 30대에 이르러 궁중 작곡가 칭호를 수여받았으나 이윽고 사망. 35년의 짧은 생애에 오페라, 교향곡, 피아노 협주곡부터 가벼운 무곡에 이르기까지 많은 작품을 남겼으며 그 수는 600곡 이상. 서양음악의 발전에 영원한 궤적을 남겼고 하이든, 베토벤 등과 함께 비엔나 고전파 3대 거장 중 한 명으로 꼽힌다.

#058

출생 – 사망
1756 – 1791

출생지
오스트리아

분류
음악가

모차르트
Wolfgang Amadeus Mozart

0
궁정작곡자 겸 바이올리니스트인 아버지 슬하
오스트리아 잘츠부르크에서 출생

6
아버지로부터 바이올린 교육을 받아
연주여행 시작. 왕족에게도 연주

7
관절염을 앓아 키가 자라지 않아서
성인이 되어서도 150cm가 채 안 되었다.

14
첫 오페라 작품 '폰토의 왕 미트리다테'
K.870이 대극찬을 받는다.

17
잘츠부르크의 궁정작곡가가 된다.

26
'마탄의 사수'의 작곡가 베버의 사촌 여동생과
결혼. 여섯 남매를 두었다.

25
빈의 정주를 결의. 이후 프리 음악가로
생계를 이어가다.

30-35
'피가로의 결혼', '돈 조반니', '마술피리'가
빈에서 초연

35
사망. 죽음 4시간 전까지 레퀴엠을 계속 썼으나
미완성으로 끝났다.

덕 없는 공포는 유해하며, 두려움 없는 덕은 무력하다

프랑스 혁명의 지도자. 18세기 말 공포정치 기간의 자코뱅파의 중심인물로 알려져 있다. 대학 졸업 후에 고향 아라스에서 변호사 사무소를 개업. 아라스 주교구의 형사 재판관으로 임명된 후, 아르토아주 제3신분의 대의원으로서 전국 3부회에 참가한다. 국민회의가 성립되자 급진적인 자코뱅 클럽에 가입하여 국민의회와 국민공회에서 좌파 논객으로 두각을 나타냈다. 공화주의가 세력을 늘린 8월 10일 사건에서 권세를 강화하고 이듬해 7월 27일에 공안위원회에 들어가 리더가 되었고 프랑스에서 사실상 수반으로 활약한다. 그러나 법 아래 평등과 인권을 옹호하는 입장을 취하면서도 반대자를 투옥과 살육으로 탄압하는 공포정치를 한 지 1년여 만에 처형되었다.

#059

출생 – 사망
1758 – 1794

출생지
프랑스

분류
지도자

로베스 피에르
Maximilien de Robespierre

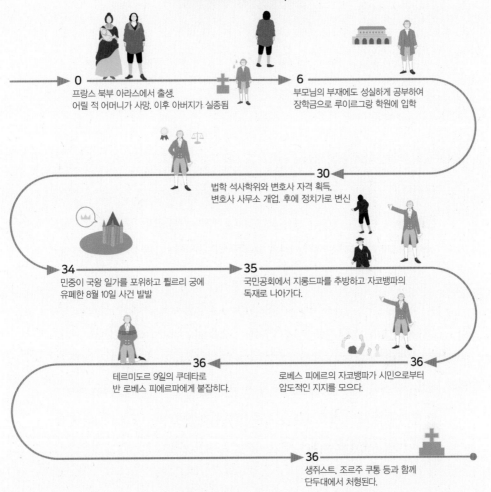

0
프랑스 북부 아라스에서 출생.
어릴 적 어머니가 사망. 이후 아버지가 실종됨

6
부모님의 부재에도 성실하게 공부하여
장학금으로 루이르그랑 학원에 입학

30
법학 석사학위와 변호사 자격 획득,
변호사 사무소 개업. 후에 정치가로 변신

34
민중이 국왕 일가를 포위하고 튈르리 궁에
유폐한 8월 10일 사건 발발

35
국민공회에서 지롱드파를 추방하고 자코뱅파의
독재로 나아가다.

36
테르미도르 9일의 쿠데타로
반 로베스 피에르파에게 붙잡히다.

36
로베스 피에르의 자코뱅파가 시민으로부터
압도적인 지지를 모으다.

36
생쥐스트, 조르주 쿠통 등과 함께
단두대에서 처형된다.

하늘이 내게 앞으로 10년의 시간 아니 5년이라는 생명이 주어진다면 진정한 화공이 될 것이다

막부에서 거울을 만드는 장인이 양부로 에도에서 자랐다. 우키요에 화가로 세계적으로 이름을 날렸고 고흐나 모네에게도 영향을 주었으며 생애에 90회가 넘는 이사 등 기행이 많았다. 개호의 버릇이 있어서 슌로, 소리, 가코우, 호쿠사이, 가쿄진 등 일생에서 약 30개의 호를 사용했다. 18세에 가츠카와 슌쇼의 제자로 들어가 화단에 데뷔하지만 16년 만에 가츠카와파로부터 파문을 당하였다. 그러나 기발한 발상과 대담한 구도로 풍경화, 화조화의 장르에서 솜씨를 뽐내며 우키요에 판화 문화를 활발히 하였다. 평생을 화업 개발과 혁신에 힘썼으며 화한양의 각 화법에 강한 마음을 보인 것으로도 알려져 있다. 위의 명언은 죽음을 눈앞에 두고 한 말로, 사세의 구절은 '영혼이 되어 여름 들판에라도 기분 전환하러 나갈까'이었다.

#060

출생 – 사망
1760 – 1849

출생지
일본

분류
우키요에

가쓰시카 호쿠사이
Katsushika Hokusai

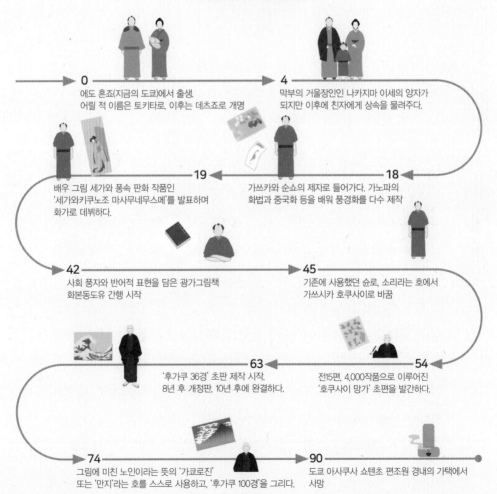

0
에도 혼죠(지금의 도쿄)에서 출생.
어릴 적 이름은 토키타로, 이후는 데츠죠로 개명

4
막부의 거울장인인 나카지마 이세의 양자가
되지만 이후에 친자에게 상속을 물려주다.

19
배우 그림 세가와 풍속 판화 작품인
'세가와키쿠노조 마사무네무스메'를 발표하며
화가로 데뷔하다.

18
가쓰카와 순쇼의 제자로 들어가다. 가노파의
화법과 중국화 등을 배워 풍경화를 다수 제작

42
사회 풍자와 반어적 표현을 담은 광가그림책
화본동도유 간행 시작

45
기존에 사용했던 슌로, 소리라는 호에서
가쓰시카 호쿠사이로 바꿈

63
'후가쿠 36경' 초판 제작 시작.
8년 후 개정판, 10년 후에 완결하다.

54
전15편, 4,000작품으로 이루어진
'호쿠사이 망가' 초편을 발간하다.

74
그림에 미친 노인이라는 뜻의 '가쿄로진'
또는 '만지'라는 호를 스스로 사용하고, '후가쿠 100경'을 그리다.

90
도쿄 아사쿠사 쇼텐초 편조원 경내의 가택에서
사망

리더란
희망을 나눠주는 사람이다

포병장교로 프랑스 혁명에 참가한 후 이탈리아 방면 군사 영관으로서 승리를 얻어 브뤼메르 18일의 쿠데타로 제1통령이 되다. 훗날 황제가 되어 유럽 전역으로 전선을 확대하여 재배 영역을 넓혀갔다. 나폴레옹이 사용하고 퍼뜨린 법과 정치, 군사 등 제도는 세계에도 큰 영향을 끼쳤으며 특히 나폴레옹 법전(프랑스 민법전)은 이후 근대적 법전의 기초가 되었다. 유럽을 정복하였지만 대영 봉쇄 및 러시아 원정에 실패하자 엘바 섬으로 추방되었다. 이듬해 귀국하여 황제로 복귀하였으나 그때의 취임 기간이 불과 100일 정도여서 '백일천하'로 불리고 있다. 하지만 그 후 워털루 전투에서 패하자 이번에는 세인트헬레나 섬으로 유배되어 만년에는 섬 총독의 무례한 처신에 시달렸다.

#061

출생 – 사망
1769 – 1821

출생지
프랑스

분류
황제

나폴레옹
Napoleon Bonaparte

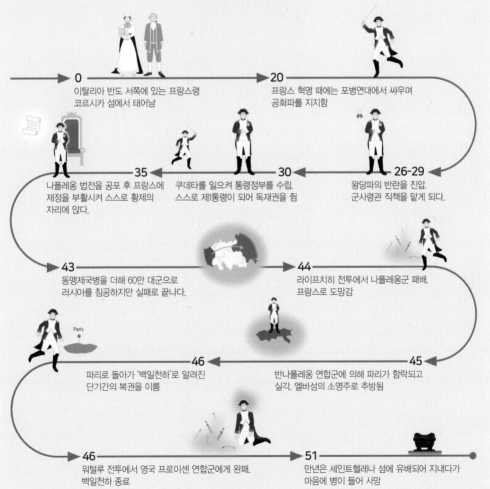

0
이탈리아 반도 서쪽에 있는 프랑스령 코르시카 섬에서 태어남

20
프랑스 혁명 때에는 포병연대에서 싸우며 공화파를 지지함

26-29
왕당파의 반란을 진압. 군사령관 직책을 맡게 되다.

30
쿠데타를 일으켜 통령정부를 수립. 스스로 제1통령이 되어 독재권을 쥠

35
나폴레옹 법전을 공포 후 프랑스에 제정을 부활시켜 스스로 황제의 자리에 앉다.

43
동맹제국병을 더해 60만 대군으로 러시아를 침공하지만 실패로 끝나다.

44
라이프치히 전투에서 나폴레옹군 패배. 프랑스로 도망감

45
반나폴레옹 연합군에 의해 파리가 함락되고 실각. 엘바섬의 소영주로 추방됨

46
파리로 돌아가 '백일천하'로 알려진 단기간의 복권을 이룸

46
워털루 전투에서 영국 프로이센 연합군에게 완패. 백일천하 종료

51
만년은 세인트헬레나 섬에 유배되어 지내다가 마음에 병이 들어 사망

모스크바 대화재는
나의 영혼을 비추었다

로마노프 왕조 제10대 러시아 황제, 폴란드 입헌왕국 초대 국왕, 초대 핀란드 대공을 지냈다. 러시아 황제 재위 초기에는 자유주의적 개혁을 시도하였으나 나폴레옹 전쟁에 의해 방침을 전환, 반동화하였다. 아우스터리츠 전투 및 프로이센과 맞붙은 전투에서 나폴레옹에게 패배하였지만 러시아 원정에서는 격퇴 성공. 대프랑스 대동맹을 결성하여 나폴레옹을 타도했다. 이때 그는 미리 영토를 불태워버렸고 상대에게 진국시키지 않고 자신들의 식량이나 시설을 이용하지 못하게 하는 '초토전술'을 발동. 이것이 성공을 이루었고 나폴레옹 전쟁의 최대 공로자가 되었다. 또 프랑스 혁명과 나폴레옹 전쟁 종결 후 유럽의 질서 재건과 영토 분할을 목적으로 개최된 빈회의에서는 러시아 황제로서 참석하였다.

#062

출생 – 사망
1777 – 1825

출생지
러시아

분류
황제

알렉산드르 1세

Aleksandr I

0
황제 파벨 1세의 장남으로 출생
조모 예카테리나 2세가 양육

15
일찍이 독일 남서부의 영방 국가 바덴의 대공녀
루이제와 결혼

23
아버지의 대를 이어 왕위에 즉위한
직후 부제의 노선을 바꿔 영국과
동맹을 맺다.

27
영국, 오스트리아와 제 3차
대프랑스 대동맹을 맺다.

27
아우스터리츠 전투에 패하여
러시아로 도주

29
아일라우 전투, 프리틀란트 전투 패배.
나폴레옹과 강화를 맺다.

31
제2차 러시아 스웨덴 전쟁에 승리.
핀란드 병합

34
스웨덴 황태자와 우호관계를 맺고 대프랑스
동맹 쪽으로 부활시킴

35-36
제6차 대프랑스 동맹을 틈타 연합군은
파리에 입성. 나폴레옹을 실추시키다.

37
폴란드 입헌왕국을 부흥하고 동국에 헌법을
부여, 국회 개회를 칙허

47
행차 중 타간로크 별궁에서 열병에 걸려
쾌유하지 못하고 사망

137

에너지가 없는 곳에 공적은 빛나지 않는다
힘이 없는 곳에 덕은 없고,
용기 없는 곳에 영광은 없다

'남아메리카 해방의 아버지'라고 불리는 라틴 아메리카 독립운동의 지도자. 20대 후반부터 자국의 독립혁명에 참가. 그 후 망명하지만 36세에 대콜롬비아 공화국(그란 콜롬비아, 콜롬비아 공화국으로도 불린다)을 수립하고 대통령이 된다. '대콜롬비아 공화국'이란, 1819년부터 1830년까지 남아메리카 북부에 존재하던 국가로서 영역은 현재의 베네수엘라, 콜롬비아, 에콰도르, 파나마 전역과 가이아나, 브라질, 페루의 일부에 해당한다. 1825년 식민지 시대에는 동일한 행정 구역이었던 페루, 아르헨티나와의 연합을 원하지 않았던 알토 페루의 지배층과 볼리바르의 의도가 일치하였기 때문에 알토 페루 공화국이 탄생. 이후 볼리비아로 명명하여 완전 독립을 달성하였지만, 1830년에 대콜롬비아 공화국은 해체되었다.

#063

출생 – 사망
1783 – 1830

출생지
베네수엘라

분류
혁명가

시몬 볼리바르
Simon Bolivar

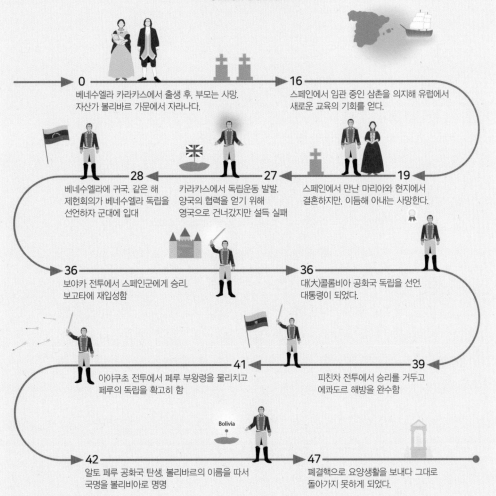

0
베네수엘라 카라카스에서 출생 후, 부모는 사망.
자산가 볼리바르 가문에서 자라나다.

16
스페인에서 임관 중인 삼촌을 의지해 유럽에서
새로운 교육의 기회를 얻다.

28
베네수엘라에 귀국. 같은 해
제헌회의가 베네수엘라 독립을
선언하자 군대에 입대

27
카라카스에서 독립운동 발발.
양국의 협력을 얻기 위해
영국으로 건너갔지만 설득 실패

19
스페인에서 만난 마리아와 현지에서
결혼하지만, 이듬해 아내는 사망한다.

36
보야카 전투에서 스페인군에게 승리.
보고타에 재입성함

36
대(大)콜롬비아 공화국 독립을 선언.
대통령이 되었다.

41
아야쿠초 전투에서 페루 부왕령을 물리치고
페루의 독립을 확고히 함

39
피친차 전투에서 승리를 거두고
에콰도르 해방을 완수함

42
알토 페루 공화국 탄생. 볼리바르의 이름을 따서
국명을 볼리비아로 명명

47
폐결핵으로 요양생활을 보내다 그대로
돌아가지 못하게 되었다.

술의 신은
바다의 신보다
훨씬 많은 인간을 익사시켰다

이탈리아 통일운동을 추진하고 이탈리아 왕국성립에 공헌한 군사가. 카불, 마치니와 함께 이탈리아 통일의 3걸 중 한 사람으로 꼽힌다. 이탈리아의 통일을 추진하기 위해 많은 군사활동을 벌였다. 유럽과 남미에서의 공적이 컸기 때문에 두 세계의 영웅이라 불리고 있다. 원래는 선원이었으나 러시아에 머물던 중 정치망명범이자 정치결사 '청년 이탈리아'의 멤버였던 조반니를 만나 감명을 받아, 오스트리아의 지배를 받고 있는 조국 이탈리아의 자유를 위해 싸울 것을 맹세했다. 이후 청년 이탈리아 및 비밀결사 카르보나리에 가담하며 정치활동을 시작. 1860년 양 시칠리아 왕국에서 일어난 반란에서는 천인대(붉은 셔츠를 입고 있어서 '붉은 셔츠 대'라고도 불린다)를 결성하여 싸운 것으로 알려져 있다.

#064

출생 – 사망
1807 – 1882

출생지
프랑스

분류
군사가

가리발디
Giuseppe Garibaldi

0
니스에서 출생. 부모가 해상 무역에 종사하여
바다 위에서 자라남

25
상선대의 선장이 되어 러시아 정박 중
정치 망명범의 영향을 받는다.

35
남미 항해 중 29세 때에 만난
목자의 딸과 결혼하다.

27
피에몬테 공화제를 요구하는 반란에 실패.
프랑스 망명 후 튀니지로 가다.

Tunisia

France

41
이탈리아로 귀국. 로마 대학 전투에서
프랑스군을 격파하다.

42
병사 4,000명과 로마 탈출. 전전하면서
베네치아로 향함

Venezia

Roma

47
이탈리아에 귀국. 농사를 지으며 군사행동을
일으킬 기회를 엿보다.

43
도미, 뉴욕시민이 되어 양초공장
운영을 도움

53
천인대를 조직하여 시칠리아 반란을 원조.
양 시칠리아 왕국을 멸망시킴

74
일족의 보살핌을 받다가 사망한 후,
정부는 성대한 국장을 치루었다.

기다리기만 하는 사람들에게도
무언가 생길지 모르지만
그것은 노력한 사람들의 잔여물이다

미국의 제16대 대통령. 대통령에 취임하기 전에는 정치가, 변호사였다. 또한 일리노이 주의원, 상원의원을 역임하였고, 흑인 차별이 심하고 남북 간에 전쟁이 한창일 당시 노예를 해방시켜 국가의 분열을 수습한 위대한 대통령으로 알려져 있다. 게티즈버그 전장 묘지에서 열린 연설로 유명한 이야기인 '국민의, 국민에 의한, 국민을 위한 정치'는 미국이 새로운 자유를 얻기 위해 정말 필요한 정치상을 표현한 것이다. 서두에서는 아메리카 대륙으로 이주해 온 조상들에 대해서도 언급하고 미국이 자유와 평등의 이념 아래 탄생했음을 기술하고 있다. 이 연설 후 대통령에 재선되어 남부 노예 해방을 앞세운 북군의 승리로 이끌지만, 남북 전쟁의 결과에 불만을 품은 남부연합 지지자에게 암살당했다.

#065

출생 – 사망
1809 – 1865

출생지
미국

분류
대통령 외

링컨
Abraham Lincoln

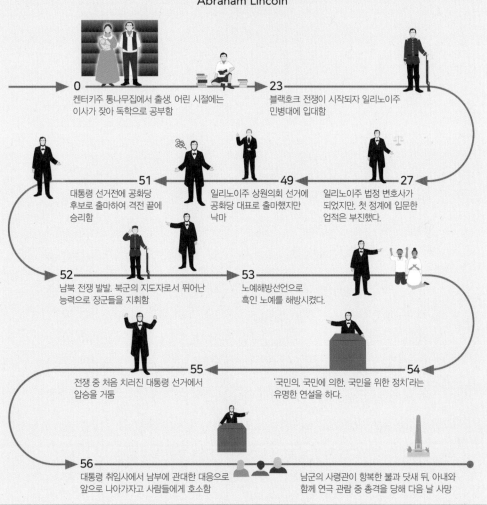

0 켄터키주 통나무집에서 출생. 어린 시절에는 이사가 잦아 독학으로 공부함

23 블랙호크 전쟁이 시작되자 일리노이주 민병대에 입대함

27 일리노이주 법정 변호사가 되었지만, 첫 정계에 입문한 업적은 부진했다.

49 일리노이주 상원의회 선거에 공화당 대표로 출마했지만 낙마

51 대통령 선거전에 공화당 후보로 출마하여 격전 끝에 승리함

52 남북 전쟁 발발. 북군의 지도자로서 뛰어난 능력으로 장군들을 지휘함

53 노예해방선언으로 흑인 노예를 해방시켰다.

54 '국민의, 국민에 의한, 국민을 위한 정치'라는 유명한 연설을 하다.

55 전쟁 중 처음 치러진 대통령 선거에서 압승을 거둠

56 대통령 취임사에서 남부에 관대한 대응으로 앞으로 나아가자고 사람들에게 호소함

남군의 사령관이 항복한 불과 닷새 뒤, 아내와 함께 연극 관람 중 총격을 당해 다음 날 사망

한 시간의 낭비를
아무렇지도 않게 생각하는 사람은
아직 삶의 가치를 발견하지 못한 사람이다

영국의 자연과학자, 박물학자, 지질학자로 에든버러 대학에 입학했지만
강의 내용에 흥미를 갖지 못하고 중퇴하자, 아버지는 다윈을 목사로 만
들기 위해 케임브리지 대학 신학과에 입학시킨다. 하지만 이 대학에서
도 필수가 아닌 박물학이나 곤충 채집에만 열중했다. 대학 졸업 후에는
5년 간에 걸쳐 해군 측량선 비글호에 승선. 남미대륙이나 남태평양 제도
를 돌면서 식물과 지질을 연구하였다. 하선 후, '척박한 자연환경이 생물
에게 일어나는 돌연변이를 선택하여 진화에 방향성을 부여한다'라는 자
연선택설에 도달한 후 그로부터 2년에 걸려 조사를 계속한다. 그 후로도
연구에 몰두하여 50세 때 '종의 기원'을 발표. 모든 생물종이 공통 조상
으로부터 오랜 시간에 걸쳐 진화했다는 설은 학계와 사회에 큰 영향을
미쳤다.

#066

출생 – 사망
1809 – 1882

출생지
영국

분류
자연과학자

다윈

Charles Robert Darwin

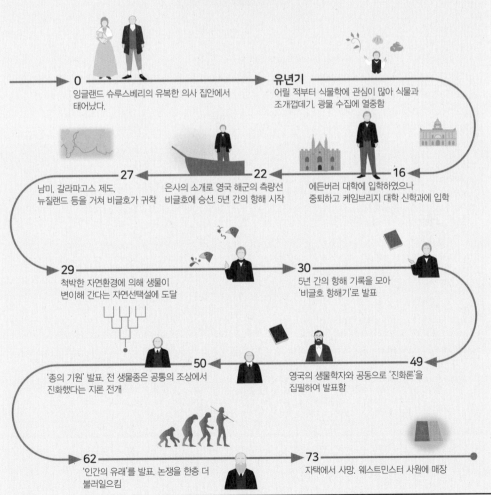

0
잉글랜드 슈루스베리의 유복한 의사 집안에서 태어났다.

유년기
어릴 적부터 식물학에 관심이 많아 식물과 조개껍데기, 광물 수집에 열중함

27
남미, 갈라파고스 제도, 뉴질랜드 등을 거쳐 비글호가 귀착

22
은사의 소개로 영국 해군의 측량선 비글호에 승선. 5년 간의 항해 시작

16
에든버러 대학에 입학하였으나 중퇴하고 케임브리지 대학 신학과에 입학

29
척박한 자연환경에 의해 생물이 변이해 간다는 자연선택설에 도달

30
5년 간의 항해 기록을 모아 '비글호 항해기'로 발표

50
'종의 기원' 발표. 전 생물종은 공통의 조상에서 진화했다는 지론 전개

49
영국의 생물학자와 공동으로 '진화론'을 집필하여 발표함

62
'인간의 유래'를 발표. 논쟁을 한층 더 불러일으킴

73
자택에서 사망. 웨스트민스터 사원에 매장

미래라는 무한한 왕국을 향해
되도록 멀리 창을 던지자

헝가리 태생이지만 가정에서는 부모가 독일어를 사용했기에 그 역시 독일어가 모국어로 양육되어 평생 헝가리어를 구사하지 못했다. 나중에 리스트가 '헝가리 광시곡' 등 헝가리 고유 민요로 차용한 선율은 실제로는 로마(북인도 로마니계에 유래한 이동형 민족)의 것이었다. 하지만 작곡가로서는 높이 평가받아 신독일 학파의 대표로 알려져 있다. 피아니스트로서는 연주활동을 활발히 하였을 뿐만 아니라 교육활동에도 힘써 피아니즘 발전에 공헌. 한스 폰 뷜로를 비롯한 제자 육성에도 힘을 기울였다. '피아노의 마술사'라는 말을 들은 초절기교의 소유자로 '마제파', '도깨비불' 등 기교적인 곡을 작곡. 관현악 분야에서도 교향시라는 장르를 수립했다.

#067

출생 – 사망
1811 – 1886

출생지
헝가리

분류
음악가

프란츠 리스트
Franz Liszt

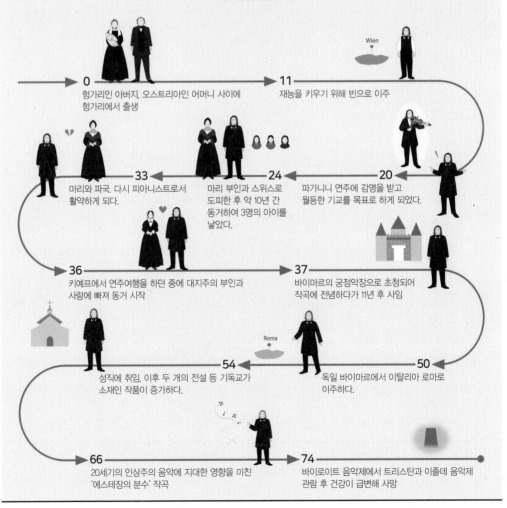

0 헝가리인 아버지, 오스트리아인 어머니 사이에 헝가리에서 출생

11 재능을 키우기 위해 빈으로 이주

Wien

33 마리와 파국, 다시 피아니스트로서 활약하게 되다.

24 마리 부인과 스위스로 도피한 후 약 10년 간 동거하여 3명의 아이를 낳았다.

20 파가니니 연주에 감명을 받고 월등한 기교를 목표로 하게 되었다.

36 키예프에서 연주여행을 하던 중에 대지주의 부인과 사랑에 빠져 동거 시작

37 바이마르의 궁정악장으로 초청되어 작곡에 전념하다가 11년 후 사임

54 성직에 취임. 이후 두 개의 전설 등 기독교가 소재인 작품이 증가하다.

Roma

50 독일 바이마르에서 이탈리아 로마로 이주하다.

66 20세기의 인상주의 음악에 지대한 영향을 미친 '에스테장의 분수' 작곡

74 바이로이트 음악제에서 트리스탄과 이졸데 음악제 관람 후 건강이 급변해 사망

역사가 증명한 바에 따르면
놓친 기회는
두 번 다시 돌아오지 않는다

프로이센 독일 제국의 정치인. 프로이센 왕과 함께 수상 겸 외무부장관 취임 시, 오스트리아-프랑스와의 전쟁에서 승리해 독일 통일에 전력. 통일 후 독일 제국에서는 초대 재상 겸 수상이 되어 19년간 일하였다. 한편 세력 균형과 프랑스의 고립을 목표로 하는 외교책을 전개하는 데에 주력하였고, 19세기 후반 유럽 국제정치의 중심인물이기도 하다. 그 능숙한 외교정책은 '비스마르크 체제'라고 불린다. 또 베를린 회의를 주최하여 아프리카 분할에 관한 조정을 실시하였고 토고, 카메룬, 독일령 동아프리카, 독일령 남서아프리카의 4개 지역을 독일 제국의 보호령으로 선포했다. 비스마르크는 영토 확장과 식민지 확대에는 소극적이며 오로지 다른 열강들과 균형을 맞춤으로써 평화를 유지하였다.

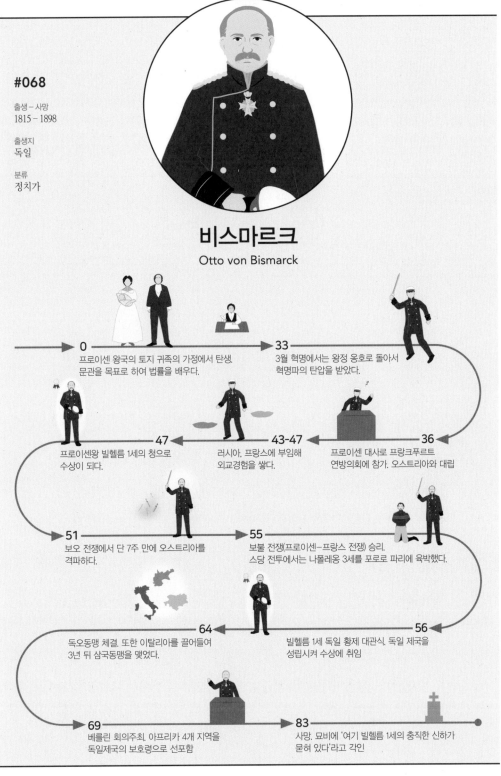

#068

출생 – 사망
1815 – 1898

출생지
독일

분류
정치가

비스마르크
Otto von Bismarck

0
프로이센 왕국의 토지 귀족의 가정에서 탄생.
문관을 목표로 하여 법률을 배우다.

33
3월 혁명에서는 왕정 옹호로 돌아서
혁명파의 탄압을 받았다.

36
프로이센 대사로 프랑크푸르트
연방의회에 참가. 오스트리아와 대립

43-47
러시아, 프랑스에 부임해
외교경험을 쌓다.

47
프로이센왕 빌헬름 1세의 청으로
수상이 되다.

51
보오 전쟁에서 단 7주 만에 오스트리아를
격파하다.

55
보불 전쟁(프로이센–프랑스 전쟁) 승리.
스당 전투에서는 나폴레옹 3세를 포로로 파리에 육박했다.

56
빌헬름 1세 독일 황제 대관식. 독일 제국을
성립시켜 수상에 취임

64
독오동맹 체결. 또한 이탈리아를 끌어들여
3년 뒤 삼국동맹을 맺었다.

69
베를린 회의주최. 아프리카 4개 지역을
독일제국의 보호령으로 선포함

83
사망. 묘비에 '여기 빌헬름 1세의 충직한 신하가
묻혀 있다'라고 각인

모든 것을 의심하라

독일 태생의 철학자, 경제학자. '공산주의'라는 개념을 구축한 인물. 20세기에 마르크스의 원리에 기초한 마르크스주의 사회 구축을 목표로 내세웠다. 대표작 '자본론'에서는 상품화된 프롤레타리아의 노동력(노동력 상품)이 싸게 팔려지고 착취당하는 모습을 그리고 있다. 이 책을 쓰는 데 있어서 마르크스는 경제학 책과 통계서를 참고했을 뿐만 아니라 실제로 황폐해진 사회의 현장을 두 눈으로 확인했다. 또 사회의 계급을 설명하는 두 가지 중요한 용어를 만들었다. 하나는 착취당하는 노동계급인 '프롤레타리아'이고, 다른 하나는 중산층을 일컫는 '부르주아'이다. '마르크스주의'에는 부르주아와 프롤레타리아 사이의 계급투쟁이라는 말이 자주 나온다.

#069

출생 – 사망
1818 – 1883

출생지
독일

분류
철학자 외

마르크스
Karl Marx

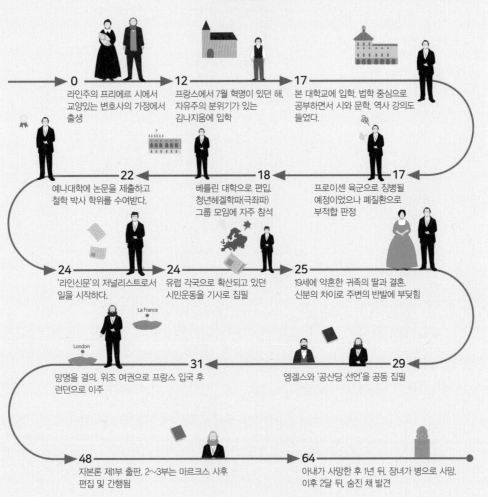

0
라인주의 프리에르 시에서
교양있는 변호사의 가정에서
출생

12
프랑스에서 7월 혁명이 있던 해,
자유주의 분위기가 있는
김나지움에 입학

17
본 대학교에 입학. 법학 중심으로
공부하면서 시와 문학, 역사 강의도
들었다.

22
예나대학에 논문을 제출하고
철학 박사 학위를 수여받다.

18
베를린 대학으로 편입.
청년헤겔학파(극좌파)
그룹 모임에 자주 참석

17
프로이센 육군으로 징병될
예정이었으나 폐질환으로
부적합 판정

24
'라인신문'의 저널리스트로서
일을 시작하다.

24
유럽 각국으로 확산되고 있던
시민운동을 기사로 집필

25
19세에 약혼한 귀족의 딸과 결혼.
신분의 차이로 주변의 반발에 부딪힘

31
망명을 결의. 위조 여권으로 프랑스 입국 후
런던으로 이주

29
엥겔스와 '공산당 선언'을 공동 집필

48
자본론 제1부 출판. 2~3부는 마르크스 사후
편집 및 간행됨

64
아내가 사망한 후 1년 뒤, 장녀가 병으로 사망.
이후 2달 뒤, 숨진 채 발견

나는 패배 가능성에는
전혀 관심이 없다

대영제국 전성기의 여왕. 영국에서 과학과 기술이 크게 발전하여 정치적 변화와 문화의 변혁이 일어난 '빅토리아 시대'에 63년 7개월 동안 여왕의 자리에 군림했다. 이는 역대 영국 국왕 가운데 현 여왕인 엘리자베스 2세에 버금가는 기간이다. 그녀의 통치시절, 영국은 세계 각지를 식민지화하여 일대 식민지 제국을 이룩하였다. 지금도 세계 곳곳에는 빅토리아 섬(캐나다), 빅토리아 호수(케냐/우간다/탄자니아), 빅토리아 폭포(홍콩) 등 여왕의 이름을 딴 섬이나 호수 등이 존재한다. '제국의 어머니'라는 이미지를 담은 빅토리아에 의해 각지 식민지의 신민들은 하나로 결합되었기 때문에 대영제국의 유지·확대가 가능했다고 한다.

출생 – 사망
1819 – 1901

출생지
영국

분류
국왕

빅토리아 여왕
Victoria

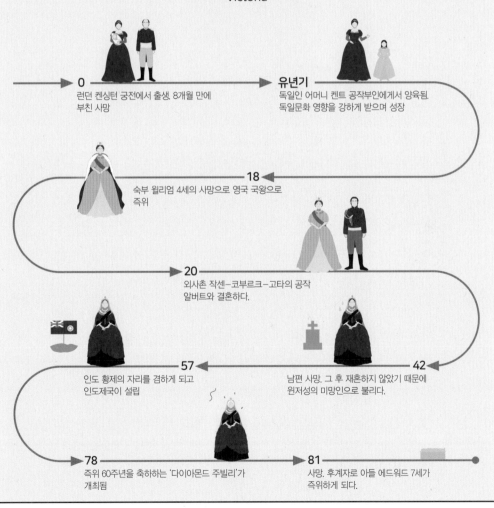

0
런던 켄싱턴 궁전에서 출생. 8개월 만에
부친 사망

유년기
독일인 어머니 켄트 공작부인에게서 양육됨.
독일문화 영향을 강하게 받으며 성장

18
숙부 윌리엄 4세의 사망으로 영국 국왕으로
즉위

20
외사촌 작센–코부르크–고타의 공작
알버트와 결혼하다.

57
인도 황제의 자리를 겸하게 되고
인도제국이 설립

42
남편 사망. 그 후 재혼하지 않았기 때문에
원저성의 미망인으로 불리다.

78
즉위 60주년을 축하하는 '다이아몬드 주빌리'가
개최됨

81
사망. 후계자로 아들 에드워드 7세가
즉위하게 되다.

에펠은 키가 152cm 였기 때문에 '작품의 크기로 인물의 위대함을 가늠할 수 있다'고 비꼰 말을 쓴 적이 있다

파리의 에펠탑을 설계한 것으로 알려진 기술자, 구조가, 건설업자이다. 파리의 공예학교에서 공부한 후 다수의 교량을 설계하였고, 철강 구조 기술의 개척자가 되었다. 가라비 고가교를 설계한 것으로도 유명하며 헝가리 부다페스트 서역과 포르투갈 마리아 피아교도 그의 작품이다. 에펠탑은 그 12년 후로, 프랑스혁명 100주년 기념 만국박람회가 개막되면서 센 강 서쪽 강변에 펼쳐진 샹 드 마르스 공원에 건설되었다. 또한 뉴욕의 '자유의 여신상'의 뼈대를 설계한 것도 에펠이었다. 이 조각상은 미국 독립 100주년을 기념하여 프랑스에서 기증받은 것으로 바닷바람에도 견딜 수 있는 안정감을 실현하기 위해 철의 뼈대 위에 구리를 씌워 만들어졌다.

#071

출생 – 사망
1832 – 1923

출생지
프랑스

분류
건축가

에펠
Alexandre Gustave Eiffel

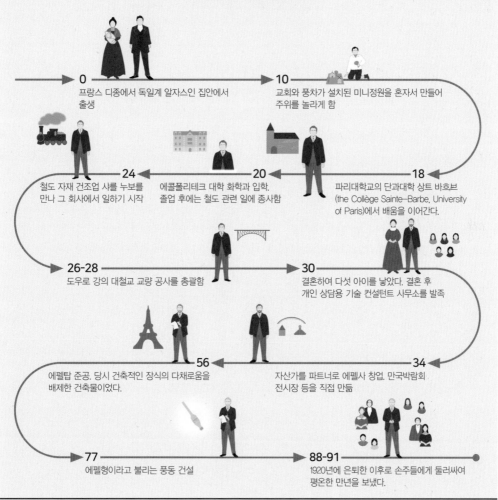

0
프랑스 디종에서 독일계 알자스인 집안에서
출생

10
교회와 풍차가 설치된 미니정원을 혼자서 만들어
주위를 놀라게 함

24
철도 자재 건조업 샤를 누보를
만나 그 회사에서 일하기 시작

20
에콜폴리테크 대학 화학과 입학.
졸업 후에는 철도 관련 일에 종사함

18
파리대학교의 단과대학 상트 바흐브
(the Collège Sainte-Barbe, University
of Paris)에서 배움을 이어간다.

26-28
도우로 강의 대철교 교량 공사를 총괄함

30
결혼하여 다섯 아이를 낳았다. 결혼 후
개인 상담용 기술 컨설턴트 사무소를 발족

56
에펠탑 준공. 당시 건축적인 장식의 다채로움을
배제한 건축물이었다.

34
자산가를 파트너로 에펠사 창업. 만국박람회
전시장 등을 직접 만듦

77
에펠형이라고 불리는 풍동 건설

88-91
1920년에 은퇴한 이후로 손주들에게 둘러싸여
평온한 만년을 보냈다.

성공하고 싶다면
밟고 지나간 길을 가지 말고
새로운 길을 개척하라

석유왕으로 알려진 록펠러가 첫 번째 회사인 '스탠더드오일(석유회사)'을 설립한 것은 30세 때이다. 이후 운임 리베이트 및 다른 기업의 흡수를 통해 회사를 성장시킨 결과, 9년 후에는 미국 석유 정제능력의 90~95%를 독점하기에 이르렀다. 1882년에는 '스탠더드오일트러스트'를 설립하였다. 1899년에는 거래를 제한하는 모든 결합 및 독점을 위법으로 규정한 반(反)트러스트법인 셔먼법이 성립되었고, 이 법에 대처하기 위해 '스탠더드오일'의 뉴저지 회사를 설립하였다. 그러나 미국 연방 대법원의 명령에 따라 해체하고, 은퇴하자 자선사업으로 전환하였다. 사업단체 순위에서 세계 최대 규모가 되는 록펠러 재단 외에 일반 교육위원회와 시카고 대학 등을 설립하였다.

#072

출생 – 사망
1839 – 1937

출생지
미국

분류
사업가

록펠러
John Davison Rockefeller

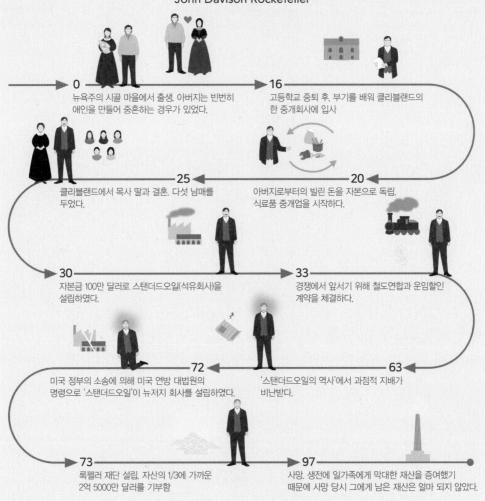

0
뉴욕주의 시골 마을에서 출생. 아버지는 빈번히 애인을 만들어 중혼하는 경우가 있었다.

16
고등학교 중퇴 후, 부기를 배워 클리블랜드의 한 중개회사에 입사

25
클리블랜드에서 목사 딸과 결혼. 다섯 남매를 두었다.

20
아버지로부터의 빌린 돈을 자본으로 독립. 식료품 중개업을 시작하다.

30
자본금 100만 달러로 스탠더드오일(석유회사)을 설립하였다.

33
경쟁에서 앞서기 위해 철도연합과 운임할인 계약을 체결하다.

72
미국 정부의 소송에 의해 미국 연방 대법원의 명령으로 '스탠더드오일'이 뉴저지 회사를 설립하였다.

63
'스탠더드오일의 역사'에서 과점적 지배가 비난받다.

73
록펠러 재단 설립. 자산의 1/3에 가까운 2억 5000만 달러를 기부함

97
사망. 생전에 일가족에게 막대한 재산을 증여했기 때문에 사망 당시 그에게 남은 재산은 얼마 되지 않았다.

모든 것은 변화무쌍하다
돌조차도

인상파를 대표하는 프랑스의 화가로, 그의 작품 '인상, 해돋이'에서 '인상주의'라는 말이 생겨났다. 유년기부터 그림에 재능이 넘쳐 25세에 파리의 살롱에 입선하지만 30세까지는 낙선이 계속되었고, 살롱 출품을 그만두기 보다는 강에 몸을 던져 자살을 시도하기도 했었다. 그러나 33세 때 살롱과는 독립된 전람회를 개최하면서 '인상, 해돋이' 등을 선보이게 되며, 이후 '제1회 인상파전'이라고 불리는 역사적 사건이 되었다. 생애 200점 이상의 수련을 그린 것으로 알려졌는데 우키요에를 사랑하고 일본의 모티브를 도입한 작품을 제작한 것으로도 유명하다. 모네의 작품 대부분은 파리의 오르세 미술관, 마르모탕 미술관, 오랑주리 미술관, 일본에서는 도쿄의 국립서양미술관 등에 소장되어 있다.

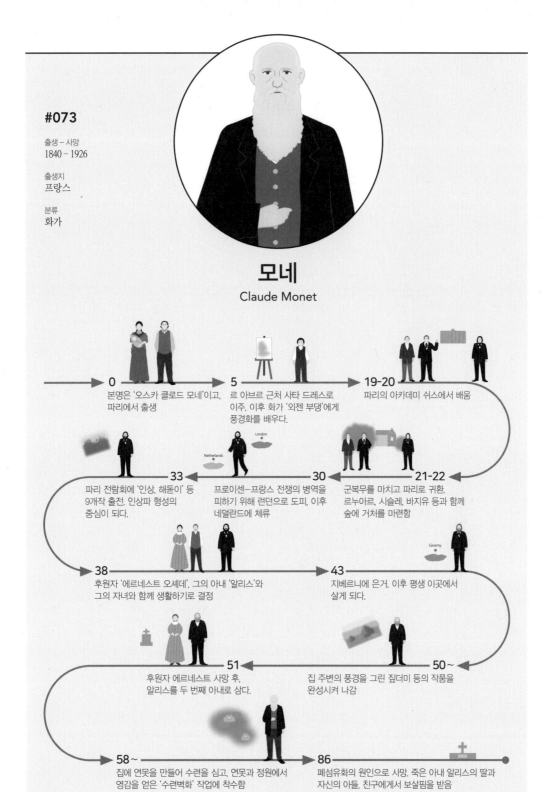

#073

출생 – 사망
1840 – 1926

출생지
프랑스

분류
화가

모네
Claude Monet

0
본명은 '오스카 클로드 모네'이고,
파리에서 출생

5
르 아브르 근처 사타 드레스로
이주. 이후 화가 '외젠 부댕'에게
풍경화를 배우다.

19-20
파리의 아카데미 쉬스에서 배움

33
파리 전람회에 '인상, 해돋이' 등
9개작 출전. 인상파 형성의
중심이 되다.

30
프로이센–프랑스 전쟁의 병역을
피하기 위해 런던으로 도피, 이후
네덜란드에 체류

21-22
군복무를 마치고 파리로 귀환.
르누아르, 시슬레, 바지유 등과 함께
숲에 거처를 마련함

38
후원자 '에르네스트 오셰데', 그의 아내 '알리스'와
그의 자녀와 함께 생활하기로 결정

43
지베르니에 은거. 이후 평생 이곳에서
살게 되다.

51
후원자 에르네스트 사망 후,
알리스를 두 번째 아내로 삼다.

50~
집 주변의 풍경을 그린 짚더미 등의 작품을
완성시켜 나감

58~
집에 연못을 만들어 수련을 심고, 연못과 정원에서
영감을 얻은 '수련벽화' 작업에 착수함

86
폐섬유화의 원인으로 사망. 죽은 아내 알리스의 딸과
자신의 아들, 친구에게서 보살핌을 받음

목적에는 이상이 따라야 한다
그 이상을 실현하는 것이
사람의 의무다

'일본 자본주의의 아버지'라고 불리는 사업가. 경영의 본질을 꿰뚫는 안목으로 제일국립은행(현·미즈호 은행), 도쿄해상화재보험(현·도쿄해상일동화재보험), 삿포로 맥주, 동양방적 주식회사(현·동일방직 주식회사) 등 약 500개의 사업을 시작하였다. 제일국립은행에서는 총감직(이후 은행장)에 취임. 그곳을 거점으로 하여 주식회사 조직에 의한 기업의 창설, 육성에 힘썼다. '사사로운 이익을 좇지 않고 공익을 꾀한다'라는 신념을 관철하고 사회활동에 열심인 편이었다. 도쿄시의 요청으로 보육원 원장을 지냈으며 도쿄자혜회, 일본 적십자사, 나병(한센병)예방협회의 설립과 상업 교육에도 관여하였다. 히토쓰바시 대학, 도쿄경제대학 설립에 협력한 것 외에 여성 교육의 필요성을 고려해 이토 히로부미, 카츠 카이슈 등과 함께 여자교육장려회를 설립하였다. 또한 일본여자대학교, 도쿄여학관의 설립에도 관여하였다.

#074

출생 – 사망
1840 – 1931

출생지
일본

분류
사업가

시부사와 에이이치
Shibusawa Eiichi

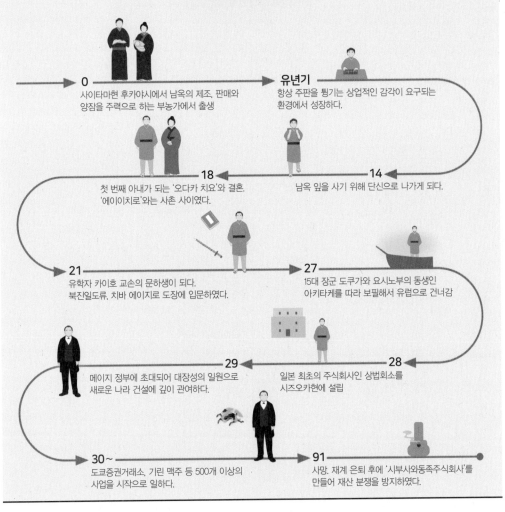

0
사이타마현 후카야시에서 남옥의 제조, 판매와
양잠을 주력으로 하는 부농가에서 출생

유년기
항상 주판을 튕기는 상업적인 감각이 요구되는
환경에서 성장하다.

14
남옥 잎을 사기 위해 단신으로 나가게 되다.

18
첫 번째 아내가 되는 '오다카 치요'와 결혼.
'에이이치로'와는 사촌 사이였다.

21
유학자 카이호 교손의 문하생이 되다.
북진일도류, 치바 에이지로 도장에 입문하였다.

27
15대 장군 도쿠가와 요시노부의 동생인
아키타케를 따라 보필해서 유럽으로 건너감

28
일본 최초의 주식회사인 상법회소를
시즈오카현에 설립

29
메이지 정부에 초대되어 대장성의 일원으로
새로운 나라 건설에 깊이 관여하다.

30~
도쿄증권거래소, 기린 맥주 등 500개 이상의
사업을 시작으로 일하다.

91
사망. 재계 은퇴 후에 '시부사와동족주식회사'를
만들어 재산 분쟁을 방지하였다.

망각은
더 나은 전진을 낳는다

철학자, 사상가. 철학자로 활동한 기간은 짧지만, 그 사이에 서양 문명의 근저에 있는 도덕적 지침을 신랄하게 비판하는 등 그 이름이 알려지게 된다. 비판에 있어서는 특히 기독교의 핵심적인 윤리규범을 타깃으로 하였다. 그의 사상적 시도는 훗날 독일 청년운동, 보수혁명, 나치즘 등 사상운동에 큰 영향을 주었다. 출생 시 국적은 프로이센이지만 바젤 대학교로부터 문헌학과 교수로 초빙되어서 바젤에 부임 즈음, 스위스 국적 취득을 고려하여 프로이센 국적을 포기하였다. 이후 스위스 국적도 취득하지 않고 평생을 무국적자로 지냈다. 교수직을 사직한 후에는 스위스, 이탈리아, 남프랑스를 전전하며 생활하다가 토리노에서 정신병을 앓고 난 이후에는 간병이 필요했다.

#075

출생 – 사망
1844 – 1900

출생지
독일

분류
철학자

니체

Friedrich Wilhelm Nietzsche

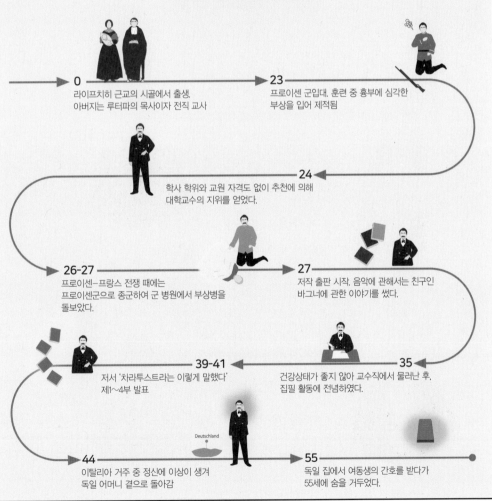

0
라이프치히 근교의 시골에서 출생.
아버지는 루터파의 목사이자 전직 교사

23
프로이센 군입대. 훈련 중 흉부에 심각한
부상을 입어 제적됨

24
학사 학위와 교원 자격도 없이 추천에 의해
대학교수의 지위를 얻었다.

26-27
프로이센–프랑스 전쟁 때에는
프로이센군으로 종군하여 군 병원에서 부상병을
돌보았다.

27
저작 출판 시작. 음악에 관해서는 친구인
바그너에 관한 이야기를 썼다.

39-41
저서 '차라투스트라는 이렇게 말했다'
제1~4부 발표

35
건강상태가 좋지 않아 교수직에서 물러난 후,
집필 활동에 전념하였다.

Deutschland

44
이탈리아 거주 중 정신에 이상이 생겨
독일 어머니 곁으로 돌아감

55
독일 집에서 여동생의 간호를 받다가
55세에 숨을 거두었다.

Aristotle
아리스토텔레스

➡ P.014

Alexander the Great
알렉산드로스 대왕

➡ P.016

아리스토텔레스는 알렉산드로스가 대왕이 되는 이전의 청년기에, 가정교사가 되어 철학과 의학 등을 가르쳤다고 한다. 이 시기의 배움에 의해 대왕은 교양과 과학적 탐구심을 갖추었다고 한다.

Isabella I
이사벨 1세

➡ P.058

Christopher Columbus
콜럼버스

➡ P.062

어려운 항해 계획을 세운 콜럼버스는 이사벨의 후원으로 무사히 목적지에 도달하게 되었다. 아메리카 대륙 발견 시 도움을 주었던 이사벨도 높은 평가를 받게 되었다.

Johann Sebastian Bach
바흐

➡ P.106

Friedrich II
프리드리히 2세

➡ P.114

프리드리히 2세의 초청을 받은 바흐는 아들과 함께 궁전에서 연주를 선보였다. 프리드리히 2세 본인도 플룻을 연주하거나 작곡을 하는 등 음악에 대한 조예도 깊은 인물이었다.

Kang xi di

강희제

강희제는 '삼번의 난'을 평정한 후, 러시아 표트르 1세와의 네르친스크 조약을 맺었다. 이로 인해 양국의 국경 및 국경무역 등을 결정한 것으로 알려지고 있다.

➡ P. 102

Peter I

표트르 1세

➡ P. 104

George Washington

조지 워싱턴

제퍼슨은 20대에 정계에 입문한 뒤, 워싱턴이 초대 대통령 시기에 초대 국무장관으로서 그를 지지했다. 이후 미국의 제3대 대통령이 되다.

➡ P. 120

Thomas Jefferson

토마스 제퍼슨

➡ P. 122

Theodore Roosevelt

시어도어 루스벨트

프랭클린 루스벨트는 전 대통령인 시어도어 루스벨트와 먼 친척이었던 이유로 젊어서부터 그를 목표로 하여 정치가에 뜻을 두었다. 그러나 두 사람의 출신 정당은 다르다.

➡ P. 178

Franklin Delano Roosevelt

프랭클린 루스벨트

➡ P. 200

일반적으로 사람이 태어날 때부터
가지고 있는 것은 정말로 적다
사람은 자기 자신이 창조하는 것이다

어릴 적 청각을 잃은 엄마, 청각장애인 교육에 힘쓴 아버지 사이에서 태어났기 때문에 어려서부터 청각과 음성 과학이 생활과 밀접했다. 한 때는 청각장애인 학교에서 일하다 헬렌 켈러에게 가르치기도 했다. 이후 토마스 A 왓슨을 제자로 고용해 전화를 발명. 세계의 커뮤니케이션 방법에 혁명을 가져왔다. 음의 세기를 나타내는 단위 '벨'은 전화의 발명자인 벨의 이름에서 유래. 보다 일반적으로 사용되는 '데시벨'의 단위는 '벨'의 1/10의 세기를 나타낸다. 또한 항공기에 관한 실험에도 전념한 것 외에, 원시적인 금속탐지기도 고안하였다. 이는 당시 대통령 제임스 가필드 암살 사건 때, 대통령의 몸속에 박힌 총알의 위치를 특정하기 위해 사용되었다. 생전에 18건의 특허를 신청하였다.

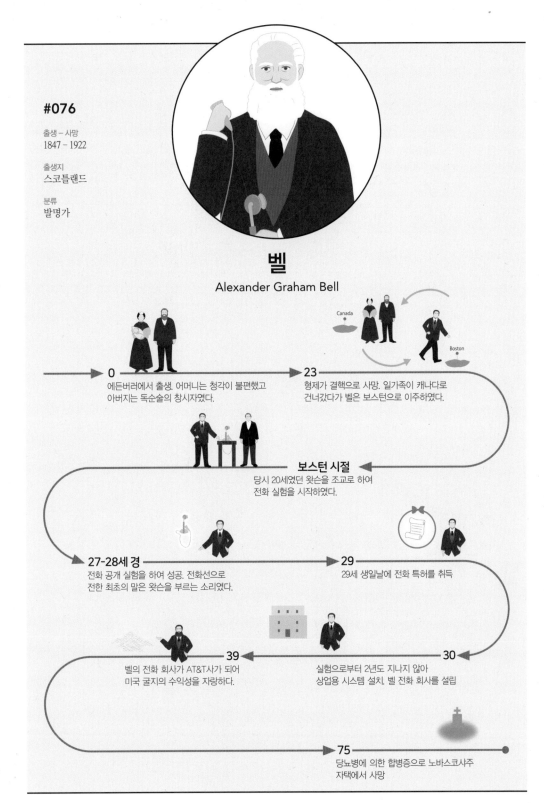

#076

출생 – 사망
1847 – 1922

출생지
스코틀랜드

분류
발명가

벨

Alexander Graham Bell

0
에든버러에서 출생. 어머니는 청각이 불편했고
아버지는 독순술의 창시자였다.

23
형제가 결핵으로 사망. 일가족이 캐나다로
건너갔다가 벨은 보스턴으로 이주하였다.

Canada

Boston

보스턴 시절
당시 20세였던 왓슨을 조교로 하여
전화 실험을 시작하였다.

27-28세 경
전화 공개 실험을 하여 성공. 전화선으로
전한 최초의 말은 왓슨을 부르는 소리였다.

29
29세 생일날에 전화 특허를 취득

39
벨의 전화 회사가 AT&T사가 되어
미국 굴지의 수익성을 자랑하다.

30
실험으로부터 2년도 지나지 않아
상업용 시스템 설치. 벨 전화 회사를 설립

75
당뇨병에 의한 합병증으로 노바스코샤주
자택에서 사망

우리의 가장 큰 약점은
포기하는 것이다
성공하는 데 가장 확실한 방법은
항상 한 번만 더 시도해 보는 것이다

미국의 발명가, 창업가. 평생 1,300개가 넘는 발명과 기술혁신을 이루어 '발명왕'으로 불린다. 또한 연구소를 두고 있는 뉴저지주 멘로파크에 연관되어 '멘로파크의 마술사'라고도 불린다. 재생 기능을 탑재한 축음기의 실용화에 성공한 것은 특히 유명하다. 또 키네토스코프를 발명하고 나서 뤼미에르 형제와 나란히 '영상기술의 아버지'라고 불린다. 창업가로서는 J.P모건으로부터 거액의 출자를 받아 현재의 제너럴 일렉트릭사의 전신이 된 에디슨 제너럴 일렉트릭사를 설립한 것 외에 모두 14사를 설립하였다. 어렸을 때부터 모르는 것은 철저히 추구하는 자세였으므로 많은 성공을 이루었고 지금도 세계인의 존경을 받고 있다.

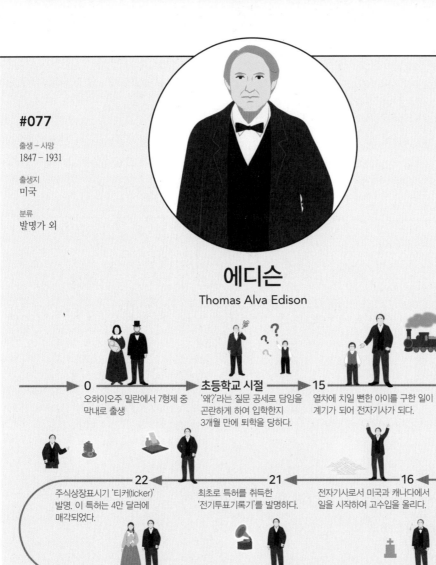

#077

출생 – 사망
1847 – 1931

출생지
미국

분류
발명가 외

에디슨

Thomas Alva Edison

0
오하이오주 밀란에서 7형제 중
막내로 출생

초등학교 시절
'왜?'라는 질문 공세로 담임을
곤란하게 하여 입학한지
3개월 만에 퇴학을 당하다.

15
열차에 치일 뻔한 아이를 구한 일이
계기가 되어 전자기사가 된다.

16
전자기사로서 미국과 캐나다에서
일을 시작하여 고수입을 올린다.

21
최초로 특허를 취득한
'전기투표기록기'를 발명하다.

22
주식상장표시기 '티커(ticker)'
발명. 이 특허는 4만 달러에
매각되었다.

24
2년 가까이 교제한 메리와
결혼. 3명의 자녀를 낳다.

30
멘로파크 연구실을 설립.
축음기, 전화, 전기 철도 등을
상품화함

39
아내와 27세에 사별 후 재혼.
같은 해 에디슨 제너럴 일렉트릭사 설립

44
영화의 원형이 되는 키네토스코프를 발명하고
3년 후, 세계 최초로 영화관에 설치되었다.

63
개량형 알카라인 축전지의 전기 자동차를
실용화함

81
미국에서 훈장이 수여되다. 평생 세계 각국으로부터
훈장을 수여받다.

84
뉴저지주 웨스트 오렌지의 자택에서 사망

쓸모없는 사람은 없다는 것을 명심해야 한다
비록 같은 능력이 없어도 누구나 쓸모가 있다

유네스코 세계유산으로 등재된 7개의 '안토니 가우디 작품군'이 세계적
으로 알려지다. 내역은 사그라다 파밀리아(성가족 교회), 개인저택 카사
비센스, 후원자였던 구엘의 구엘 저택, 구엘의 의뢰로 착공한 구엘 공
원, 콜로니아 구엘 교회, 공동주택 카사 바트요, 저택 카사 밀라. 학창시
절부터 학업과 병행하여 건축설계 사무소에서 일하기 시작한다. 건축사
자격 취득 후, 파리 만국박람회에 출전한 장갑가게를 위한 전시장을 디
자인했는데, 섬유회사 경영자의 눈에 띄어 이후 장기간에 걸쳐 여러 설
계를 의뢰받게 된다. 가우디 건축의 특징은 곡선을 많이 사용하여 세부
사항에 대해 세밀하게 장식하였고, 독창적인 디자인으로 많은 건축가와
예술가들에게 영향을 주었다.

#078

출생 – 사망
1852 – 1926

출생지
스페인

분류
건축가

가우디
Antoni Gaudí

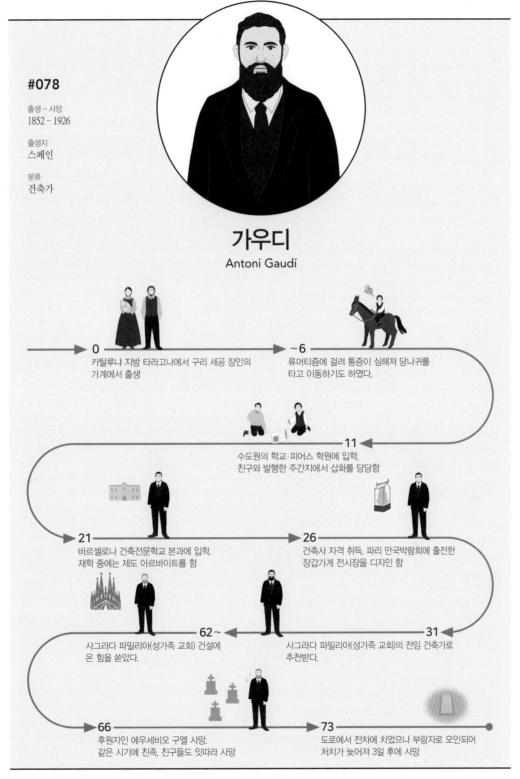

0
카탈루냐 지방 타라고나에서 구리 세공 장인의
가계에서 출생

~6
류머티즘에 걸려 통증이 심해져 당나귀를
타고 이동하기도 하였다.

11
수도원의 학교·피어스 학원에 입학.
친구와 발행한 주간지에서 삽화를 담당함

21
바르셀로나 건축전문학교 본과에 입학.
재학 중에는 제도 아르바이트를 함

26
건축사 자격 취득. 파리 만국박람회에 출전한
장갑가게 전시장을 디자인 함

62~
사그라다 파밀리아(성가족 교회) 건설에
온 힘을 쏟았다.

31
사그라다 파밀리아(성가족 교회)의 전임 건축가로
추천받다.

66
후원자인 에우세비오 구엘 사망.
같은 시기에 친족, 친구들도 잇따라 사망

73
도로에서 전차에 치었으나 부랑자로 오인되어
처치가 늦어져 3일 후에 사망

위업은
일시적인 충동으로 이루어지는 것이 아니라
작은 일의 축적으로 이룰 수 있는 것이다

네덜란드의 후기 인상주의(후기인상파) 화가. 서양 미술사에서 가장 유명하고 영향력 있는 예술가 중의 한 명. 근대미술의 창시자로 간주되고, 20세기 초에 출현한 전위 예술가들에게 큰 영향을 주었다. 창작기간은 10년 정도에 불과하지만 풍경화, 정물화, 초상화, 자화상 등 작품은 2,100여 점에 이른다. 작품의 특징은 대담한 색의 사용과 격렬한 붓 자국으로 그려나갔다. 살아있는 동안은 로트렉, 고갱 등과 교류하였다. 35세에 고갱과 공동생활 시작. 대표작 '해바라기'를 완성한 직후 고갱과의 말다툼이 발단이 되어 자기 귀의 일부를 잘라냈다. 이후 정신병원에서 요양. 한 때는 제작을 재개하기도 했지만, 결국에는 자살하였다.

#079

출생 – 사망
1853 – 1890

출생지
네덜란드

분류
화가

고흐

Vincent Willem van Gogh

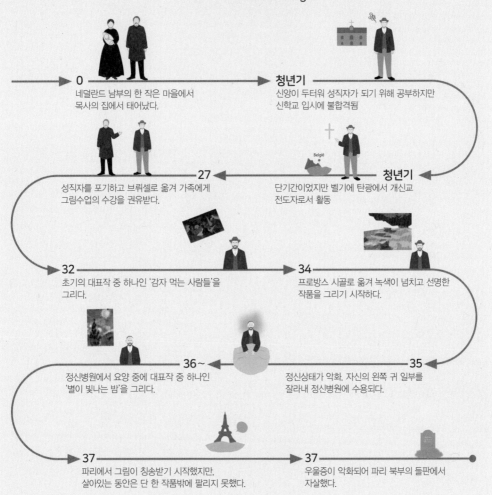

0
네덜란드 남부의 한 작은 마을에서 목사의 집에서 태어났다.

청년기
신앙이 두터워 성직자가 되기 위해 공부하지만 신학교 입시에 불합격됨

청년기
단기간이었지만 벨기에 탄광에서 개신교 전도자로서 활동

27
성직자를 포기하고 브뤼셀로 옮겨 가족에게 그림수업의 수강을 권유받다.

32
초기의 대표작 중 하나인 '감자 먹는 사람들'을 그리다.

34
프로방스 시골로 옮겨 녹색이 넘치고 선명한 작품을 그리기 시작하다.

35
정신상태가 악화. 자신의 왼쪽 귀 일부를 잘라내 정신병원에 수용되다.

36~
정신병원에서 요양 중에 대표작 중 하나인 '별이 빛나는 밤'을 그리다.

37
파리에서 그림이 칭송받기 시작했지만, 살아있는 동안은 단 한 작품밖에 팔리지 못했다.

37
우울증이 악화되어 파리 북부의 들판에서 자살했다.

가정교사였던 안나에 따르면
어릴 적부터 머리가 좋고 다정하며
인정있는 소년이었다
이런 점에서도 명주의 자질이 있었다고 한다

태국, 라타나코신 왕조의 제5대 국왕 재임 당시, 미얀마와 말레이시아는 영국에, 베트남은 프랑스에 점령당했고, 샴(태국국왕 이전의 국명)도 표적이 되었지만, 라마 5세는 말레이 반도의 일부를 영국에, 라오스와 캄보디아의 일부를 프랑스에 할양함으로써 독립을 유지했다. 또한 노예해방과 의무교육의 도입, 철도와 도로 및 전화, 수도 등의 정비에까지 미치는 '차크리 개혁'을 통해 태국을 근대화시켰다. 젊은 시절, 영국 여성 안나에게 영어와 세계 정세를 배운 것은 매우 유명하고, 미국 작가 마가렛 랜던에 의해 출판한 논픽션 소설 안나와 샴왕(1944년 간행)에 샴왕의 아들이 등장하였다.

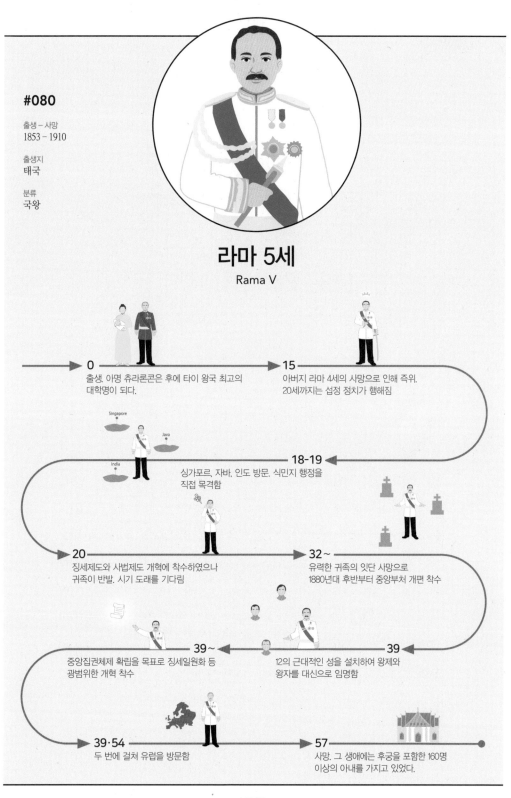

#080

출생 – 사망
1853 – 1910

출생지
태국

분류
국왕

라마 5세
Rama V

0
출생. 아명 츄라론콘은 후에 타이 왕국 최고의
대학명이 되다.

15
아버지 라마 4세의 사망으로 인해 즉위.
20세까지는 섭정 정치가 행해짐

18-19
싱가포르, 자바, 인도 방문. 식민지 행정을
직접 목격함

20
징세제도와 사법제도 개혁에 착수하였으나
귀족이 반발. 시기 도래를 기다림

32~
유력한 귀족의 잇단 사망으로
1880년대 후반부터 중앙부처 개편 착수

39~
중앙집권체제 확립을 목표로 징세일원화 등
광범위한 개혁 착수

39
12의 근대적인 성을 설치하여 왕제와
왕자를 대신으로 임명함

39·54
두 번에 걸쳐 유럽을 방문함

57
사망. 그 생애에는 후궁을 포함한 160명
이상의 아내를 가지고 있었다.

위업을 이루려면
그 기초를 단단히 다져라

'일본 세균학의 아버지'라는 별명을 가진 세균학자이지만 의학자, 교육자, 실업자로서도 위업을 이루었다. 18세에 쿠마모토 의학교에 입학하여 네덜란드인 의사 만스펠트의 지도를 받는다. 이후 도쿄의학교에 입학하고 나서는 의사의 사명은 '병을 치료하는 것'이 아니라 '병을 예방하도록 돕는 것'이라는 생각이 들어 그 뜻을 이루기 위해 내무성 위생국에 입국. 독일 유학의 기회를 얻어, 현지에서 파상풍 순수 배양에 성공하며 세계적 연구자로서 명성을 떨쳤다. 그 후에는 일본 최초의 결핵 전문병원을 개설했으며, 60세에 일본 결핵 예방협회를 설립하고 이사장에 취임, 62세에 온시재단제생회 시바병원(현·도쿄도제생회 중앙병원) 초대원장으로 취임하는 등 활약. 근대 일본의학의 기틀을 다진 의학자로서 의학계에 공헌하였다.

#081

출생 – 사망
1853 – 1931

출생지
일본

분류
의학자 외

기타자토 시바사부로
Kitazato Shibasaburo

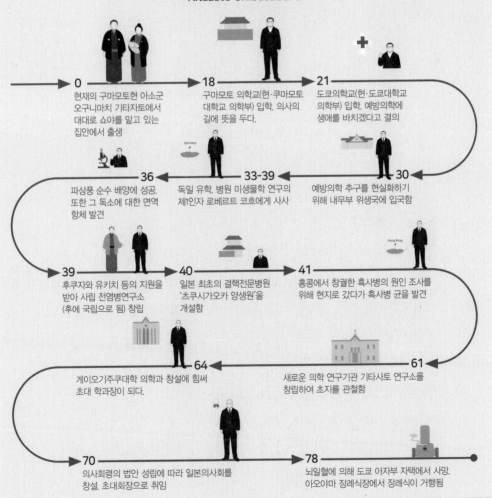

0
현재의 구마모토현 아소군 오구니마치 기타자토에서 대대로 쇼야를 맡고 있는 집안에서 출생

18
구마모토 의학교(현·쿠마모토 대학교 의학부) 입학. 의사의 길에 뜻을 두다.

21
도쿄의학교(현·도쿄대학교 의학부) 입학. 예방의학에 생애를 바치겠다고 결의

30
예방의학 추구를 현실화하기 위해 내무부 위생국에 입국함

33-39
독일 유학. 병원 미생물학 연구의 제1인자 로베르트 코흐에게 사사

36
파상풍 순수 배양에 성공. 또한 그 독소에 대한 면역 항체 발견

39
후쿠자와 유키치 등의 지원을 받아 사립 전염병연구소 (후에 국립으로 됨) 창립

40
일본 최초의 결핵전문병원 '츠쿠시가오카 양생원'을 개설함

41
홍콩에서 창궐한 흑사병의 원인 조사를 위해 현지로 갔다가 흑사병 균을 발견

61
새로운 의학 연구기관 기타사토 연구소를 창립하여 초지를 관철함

64
게이오기주쿠대학 의학과 창설에 힘써 초대 학과장이 되다.

70
의사회령의 법안 성립에 따라 일본의사회를 창설. 초대회장으로 취임

78
뇌일혈에 의해 도쿄 아자부 자택에서 사망. 아오야마 장례식장에서 장례식이 거행됨

행동하여 지금을 붙잡아라
사람은 조개가 되기 위해
만들어진 것이 아니다

미국의 제26대 대통령. 1890년대 후반까지는 공화당원으로 지방의원과 뉴욕시 공안위원장 등을 지냈으나 중앙정계에서는 무명이었다. 각광을 받게 된 것은 1897년 매킨리 대통령 하의 해군차관으로 발탁된 후이다. 1898년에는 미국·스페인 전쟁을 실현시키는 등 명성을 높였다. 1901년 매킨리 전 대통령의 암살로 인해 부통령에서 승격하는 형태로 대통령에 취임. 1904년 대통령 선거에서 대승을 거두며 재임한다. 러일 전쟁에 있어서는 러시아의 만주 진출을 억제하기 위한 목적으로 일본에 대해 재정적인 측면을 비롯한 다양한 원조를 실시하지만, 러일 간의 세력균형에서의 평화를 바라며 러일 강화조약 성립에 힘을 썼다. 내정에서는 혁신주의의 고조를 배경으로 기업활동 규제 등의 정치개혁을 추진하였다.

#082

출생 – 사망
1858 – 1919

출생지
미국

분류
대통령

시어도어 루스벨트
Theodore Roosevelt

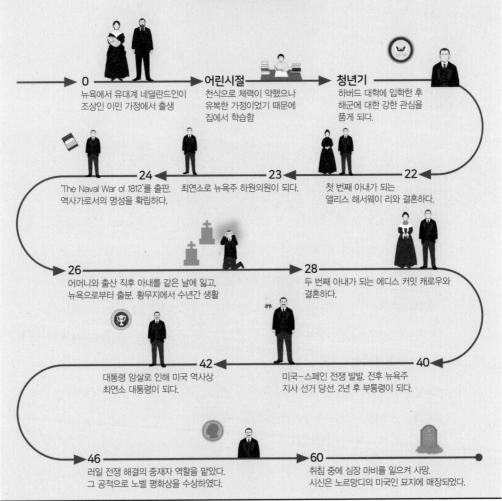

0
뉴욕에서 유대계 네덜란드인이
조상인 이민 가정에서 출생

어린시절
천식으로 체력이 약했으나
유복한 가정이었기 때문에
집에서 학습함

청년기
하버드 대학에 입학한 후
해군에 대한 강한 관심을
품게 되다.

22
첫 번째 아내가 되는
앨리스 해서웨이 리와 결혼하다.

23
최연소로 뉴욕주 하원의원이 되다.

24
'The Naval War of 1812'를 출판.
역사가로서의 명성을 확립하다.

26
어머니와 출산 직후 아내를 같은 날에 잃고,
뉴욕으로부터 출분. 황무지에서 수년간 생활

28
두 번째 아내가 되는 에디스 커밋 캐로우와
결혼하다.

40
미국–스페인 전쟁 발발. 전후 뉴욕주
지사 선거 당선. 2년 후 부통령이 되다.

42
대통령 암살로 인해 미국 역사상
최연소 대통령이 되다.

46
러일 전쟁 해결의 중재자 역할을 맡았다.
그 공적으로 노벨 평화상을 수상하였다.

60
취침 중에 심장 마비를 일으켜 사망.
시신은 노르망디의 미국인 묘지에 매장되었다.

예술은
조화롭다

전에 없던 점묘 표현을 사용하여 표현양식을 확립함으로써 신인상파의
창시자로 불린다. 합리적이고 수학적인 사상을 가지고 있으며 지금까지
의 인상파처럼 순간적 정경을 재현하는 것이 아니라 구도, 색채, 빛 등
치밀한 계산으로 그림을 그렸다. 이렇게 근대 미술의 방향을 바꾸면서
19세기 회화의 아이콘 중 한 명이 된다. 무정부주의자였던 작가 겸 비평
가 '펠릭스 페네옹'은 쇠라의 작품을 보고 '신인상주의'라는 이름을 만들
어냈다. 미술계에서도 주목받던 쇠라였지만 31세의 젊은 나이에 사망.
하지만 10년 남짓한 기간에 많은 작품을 제작하여 20세기 화가들에게
지대한 영향을 끼쳤다. 가장 잘 알려진 작품은 '그랑드 자트 섬의 일요일
오후'이다.

#083

출생 – 사망
1859 – 1891

출생지
프랑스

분류
화가

조르주 쇠라
Georges Seurat

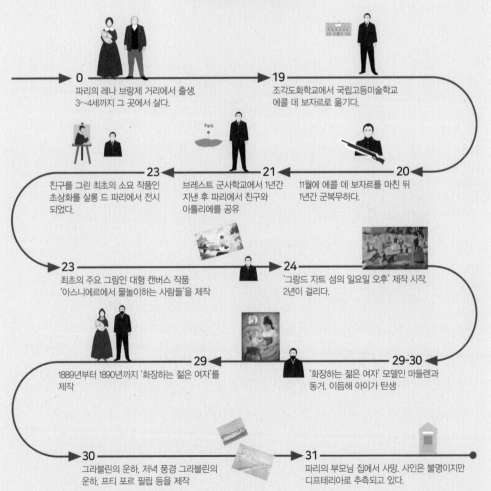

0 파리의 레나 브랑제 거리에서 출생. 3~4세까지 그 곳에서 살다.

19 조각도화학교에서 국립고등미술학교 에콜 데 보자르로 옮기다.

23 친구를 그린 최초의 소묘 작품인 초상화를 살롱 드 파리에서 전시되었다.

21 브레스트 군사학교에서 1년간 지낸 후 파리에서 친구와 아틀리에를 공유

20 11월에 에콜 데 보자르를 마친 뒤 1년간 군복무하다.

23 최초의 주요 그림인 대형 캔버스 작품 '아스니에르에서 물놀이하는 사람들'을 제작

24 '그랑드 자트 섬의 일요일 오후' 제작 시작. 2년이 걸리다.

29 1889년부터 1890년까지 '화장하는 젊은 여자'를 제작

29-30 '화장하는 젊은 여자' 모델인 마들렌과 동거. 이듬해 아이가 탄생

30 그라블린의 운하, 저녁 풍경 그라블린의 운하, 프티 포르 필립 등을 제작

31 파리의 부모님 집에서 사망. 사인은 불명이지만 디프테리아로 추측되고 있다.

기회란
제대로 준비한 자에게만
미소를 지어준다

새로 두 원소(폴로늄과 라듐)를 발견하며 방사선 혁명에 지대한 공헌을
했다. 과학 분야의 2개 부문에서 노벨상을 수상한 경우는 현재까지 그녀
단 한사람뿐이다. 15세에 여학교를 졸업한 후에는 빈곤으로 진학하지
못하였고, 사회주의 비밀결사 자유대학에서 일하는 무학의 여성들에게
자국어인 폴란드어를 가르쳤다. 이 시절에 언니와 힘을 합쳐서, 먼저 마
리가 부유층 자녀의 가정교사를 해서 언니가 의사가 되는 비용을 벌고,
다음은 언니가 여동생의 소르본느 대학 학비를 대주었다. 제1차 세계대
전 때, 자신의 연구소에서 소유하고 있던 단 1그램 정도의 라듐을 파리
로부터 반출하여 X선 장치에 응용시켜 부상병의 구호차량에 X선을 갖
추었다. 이로 인해 환자 몸속의 총알이나 금속조각을 발견하여 많은 사
람의 생명을 구할 수 있었다.

#084

출생 – 사망
1867 – 1934

출생지
폴란드

분류
물리학자, 화학자

마리 퀴리
Marie Curie

Dzień dobry

Bardzo mi miło

Jak się masz?

0
수학과 물리학 교사인
아버지, 여학교 교사인
어머니 사이에서 출생

10
어머니가 사망한 후 아버지의
개인 교육을 받아 15세 때
여학교를 수석으로 졸업

16~
빈곤으로 인해 진학을 포기.
직장 여성들에게 폴란드어를
가르치다.

La France

28-38
부부가 함께 방사선 등의 연구에
몰두. 방사능이란 단어도 두 사람이
만들었다.

27
물리학자 피에르 퀴리와 만나
이듬해 결혼. 프랑스 국적 취득

24
소르본느 대학에서 물리학을
공부하기 위해 프랑스로
이주함

36
노벨 물리학상 수상. 같은 해 여성으로는
프랑스 역사상 첫 박사학위 취득

44
노벨 화학상 수상. 방사선 연구가 인정됨

53~
1920년대에 명성이 널리 퍼지면서
유럽과 미국 방문에서 영예를 칭송받다.

47-51
제1차 세계대전 당시에 X선 검사반을 조직하여
의료활동을 펼쳤다.

53
당시 미국 대통령으로부터 라듐 1그램을 수여받다.

66
재생 불량성 빈혈 발병. 오랜 방사선 피폭에 의한
질병도 겹쳐 사망

인간의 머리에 위아래는 없다
요점을 파악하려는 능력과
불요불급한 것은 잘라내려는
대담성만이 문제이다

일본제국시대의 해군으로 해군 중장까지 오른 인물이다. 에히메현의 하급무사 집안에서 태어났지만 어려서부터 한학숙에서 공부했기 때문에 와카 등도 자신 있었다. 이후 친한 친구인 마사오카 시키와 함께 도쿄대학 예비문에 입학. 동급생은 나츠메 소세키, 야마다 미묘, 오자키 고요, 테라시 마사미치 등이 있었다. 그러나 이후 '일본 기병의 아버지'라고 불리는 형의 권유로 문학의 길을 벗어나 도쿄대학 예비문 졸업 후에는 해군병학교에 입학. 2학년 말과 졸업 때는 수석이었기 때문에 해군 소위 후보생으로 콜벳함에 승함. 소령시절 러일 전쟁이 발발한 때에 연합함대의 작전 참모로 임명되자 정자전법에 의해 러시아의 발틱 함대를 훌륭하게 전멸시킴으로써 도고 헤이하치로에게서 '지모용여(지혜가 샘솟는 것 같다)'라는 평가를 받았다.

#085

출생 – 사망
1868 – 1918

출생지
일본

분류
군인

아키야마 사네유키
Akiyama Saneyuki

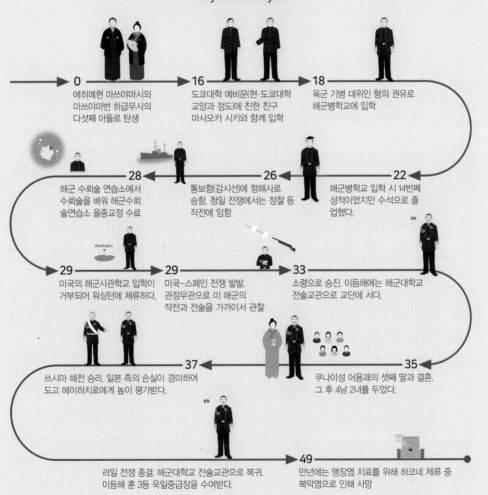

0
에히메현 마쓰야마시의
마쓰야마번 하급무사의
다섯째 아들로 탄생

16
도쿄대학 예비문(현·도쿄대학
교양과 정도에) 친한 친구
마사오카 시키와 함께 입학

18
육군 기병 대위인 형의 권유로
해군병학교에 입학

22
해군병학교 입학 시 14번째
성적이었지만 수석으로 졸
업했다.

26
통보함(감시선)에 항해사로
승함. 청일 전쟁에서는 정찰 등
작전에 임함

28
해군 수뢰술 연습소에서
수뢰술을 배워 해군수뢰
술연습소 을종교정 수료

29
미국의 해군사관학교 입학이
거부되어 워싱턴에 체류하다.

29
미국–스페인 전쟁 발발.
관정무관으로 미 해군의
작전과 전술을 가까이서 관찰

33
소령으로 승진. 이듬해에는 해군대학교
전술교관으로 교단에 서다.

35
쿠나이성 어용괘의 셋째 딸과 결혼.
그 후 4남 2녀를 두었다.

37
쓰시마 해전 승리. 일본 측의 손실이 경미하여
도고 헤이하치로에게 높이 평가받다.

러일 전쟁 종결. 해군대학교 전술교관으로 복귀.
이듬해 훈 3등 욱일중급장을 수여받다.

49
만년에는 맹장염 치료를 위해 하코네 체류 중
복막염으로 인해 사망

속도를 높이는 것만이
인생은 아니다

비폭력적 저항자로서 알려지다. 런던에서 법률 학위 취득 후 다수의 인도인이 살고 있는 영국령 남아메리카에서 변호사직을 맡았지만 거주하고 있던 더반에서 인도인에 대한 인종차별을 보면서 분노하게 되어 정치활동에 참여하게 되었다. 또한 남아프리카 공화국 인도인 공동체 리더가 되어 인도인으로부터 투표권과 시민으로서의 각종 권리를 빼앗는 법안에 저항. 또 인도인이 백인과 함께 일할 수 있다는 것을 증명하기 위해 영국군에도 입대. 이후 영국의 식민지 지배에 허덕이는 인도에서 반영 독립운동에 앞장서 '비폭력·불복종'을 주창하여 제2차 세계대전 후 인도의 독립을 쟁취하였다. 그러나 그 직후, 인도와 파키스탄의 분리 독립을 둘러싼 힌두교와 이슬람교의 종교 대립 속에서 광신적 힌두교도에게 암살당하였다.

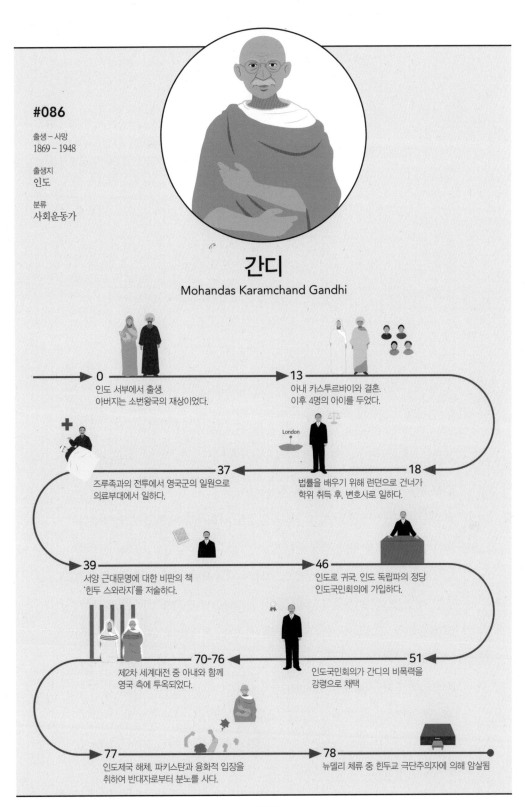

#086

출생 – 사망
1869 – 1948

출생지
인도

분류
사회운동가

간디
Mohandas Karamchand Gandhi

0 인도 서부에서 출생.
아버지는 소변왕국의 재상이었다.

13 아내 카스투르바이와 결혼.
이후 4명의 아이를 두었다.

18 법률을 배우기 위해 런던으로 건너가
학위 취득 후, 변호사로 일하다.

37 즈루족과의 전투에서 영국군의 일원으로
의료부대에서 일하다.

39 서양 근대문명에 대한 비판의 책
'힌두 스와라지'를 저술하다.

46 인도로 귀국. 인도 독립파의 정당
인도국민회의에 가입하다.

51 인도국민회의가 간디의 비폭력을
강령으로 채택

70-76 제2차 세계대전 중 아내와 함께
영국 측에 투옥되었다.

77 인도제국 해체. 파키스탄과 융화적 입장을
취하여 반대자로부터 분노를 사다.

78 뉴델리 체류 중 힌두교 극단주의자에 의해 암살됨

상상력은 무한한
큰 가치를 지닌다

47세 때 일어난 러시아 10월 혁명(11월 혁명)을 지도하여 소련(소비에트 사회주의 공화국 연방)을 만들고 세계 최초로 사회주의 국가를 수립하였다. 이후 수년간 급진적인 경제개혁과 사회개혁을 추진하여 토지의 사유화를 금하고 산업을 국유화하여 노동자의 집단화를 강제. 또한 정치론을 담은 저작을 통해 후세의 많은 혁명가에게도 영향을 미쳤다. 20대에 러시아에 자본주의가 도래한 필연성을 입증한 '러시아에 있어서 자본주의의 발전'을 써서 투쟁의 방향을 명시. 그 이듬해 스위스로 망명했을 때는 비합법기관지 '이스카라'를 창간하여 새로운 마르크스주의 혁명 정당의 결성에 힘썼다. 이외에도 저서로는 '유물론과 경험비판론', '제국주의론'이 있다.

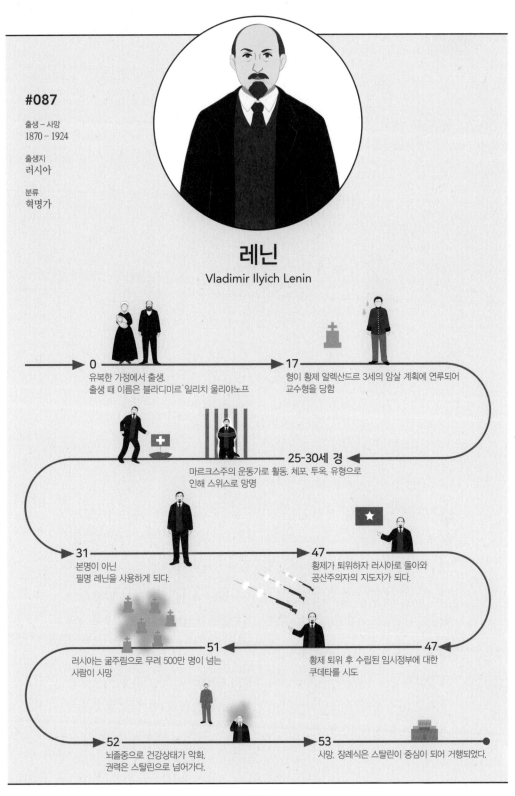

#087

출생 – 사망
1870 – 1924

출생지
러시아

분류
혁명가

레닌
Vladimir Ilyich Lenin

0
유복한 가정에서 출생.
출생 때 이름은 블라디미르´일리치 울리야노프

17
형이 황제 알렉산드르 3세의 암살 계획에 연루되어
교수형을 당함

25-30세 경
마르크스주의 운동가로 활동. 체포, 투옥, 유형으로
인해 스위스로 망명

31
본명이 아닌
필명 레닌을 사용하게 되다.

47
황제가 퇴위하자 러시아로 돌아와
공산주의자의 지도자가 되다.

47
황제 퇴위 후 수립된 임시정부에 대한
쿠데타를 시도

51
러시아는 굶주림으로 무려 500만 명이 넘는
사람이 사망

52
뇌졸중으로 건강상태가 악화.
권력은 스탈린으로 넘어가다.

53
사망. 장례식은 스탈린이 중심이 되어 거행되었다.

호전되기 전에는
악화되는 단계도 있을 수 있다

제2차 세계대전 중에 수상이 되어 영국을 승리로 이끈 정치가. 육군사관
학교에서 공부한 후 인도와 남아프리카에서 군인생활을 하였고 보어전
쟁 등에서는 신문기자로 종군하기도 했다. 정치활동 시작은 25~6세, 60
세가 넘어 거국내각의 수상으로 선출되었을 때의 연설에서는 '내게는 피
와 노고와 눈물과 땀 밖에는 제공할 것이 없다'고 말한 것으로 전해진다.
또한 미즈리주 풀턴에서의 연설에서, 공산주의의 동유럽과 민주주의의
서유럽을 가르는 냉전을 '철의 장막'이라 표현한 것으로도 유명하다. 신
문기자로서의 경험도 영향을 받아 문필가로서도 높이 평가받고 있다.
특히 '제2차 세계대전 회고록'은 인기에 힘입어 재직 중에 노벨 문학상
을 수상하게 되었다.

#088

출생 – 사망
1874 – 1965

출생지
영국

분류
정치가, 작가

처칠
Sir Winston Leonard Spencer-Churchill

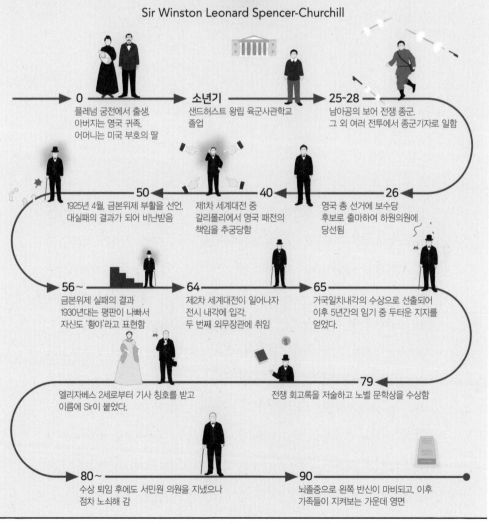

0
플레넘 궁전에서 출생.
아버지는 영국 귀족.
어머니는 미국 부호의 딸

소년기
샌드허스트 왕립 육군사관학교
졸업

25-28
남아공의 보어 전쟁 종군.
그 외 여러 전투에서 종군기자로 일함

26
영국 총 선거에 보수당
후보로 출마하여 하원의원에
당선됨

40
제1차 세계대전 중
갈리폴리에서 영국 패전의
책임을 추궁당함

50
1925년 4월. 금본위제 부활을 선언.
대실패의 결과가 되어 비난받음

56~
금본위제 실패의 결과
1930년대는 평판이 나빠서
자신도 '황야'라고 표현함

64
제2차 세계대전이 일어나자
전시 내각에 입각.
두 번째 외무장관에 취임

65
거국일치내각의 수상으로 선출되어
이후 5년간의 임기 중 두터운 지지를
얻었다.

79
전쟁 회고록을 저술하고 노벨 문학상을 수상함

엘리자베스 2세로부터 기사 칭호를 받고
이름에 Sir이 붙었다.

80~
수상 퇴임 후에도 서민원 의원을 지냈으나
점차 노쇠해 감

90
뇌졸중으로 왼쪽 반신이 마비되고, 이후
가족들이 지켜보는 가운데 영면

바쁨과 피곤은
자랑하지 않는다

제2차 세계대전 후의 점령체제하에서 일본의 보수정치를 대표하는 정치인. 구 토사번사인 다케우치 츠나의 다섯째로 도쿄에서 태어나지만, 태어난 지 얼마 되지 않아 아버지의 친구였던 요시다 겐조의 양자가 되었다. 겐조는 요코하마에서 해운대리업을 하고 있어서 시게루는 부잣집 도련님으로 자랐다. 11살 때 겐조가 40세를 일기로 사망하자 시게루는 50만 엔의 자산을 상속. 이는 현재의 액수로 40~50억 엔에 상당하는 액수이다. 16세에 다케우치 가문의 저택 내에 별채를 지어 생활하기 시작한 이후로는, 외출 시에 형에게 동행을 요청하고 본인은 인력거를 타고 형들은 걷게 했다. 학창시절에는 말을 타고 학교에 다녔고, 외무성에 들어가서도 말을 타고 출근하였다. 67세 때 일본 자유당 총재로서 요시다 내각을 조직(구성)한 후 샌프란시스코 평화조약에 조인한 것으로도 알려져 있다.

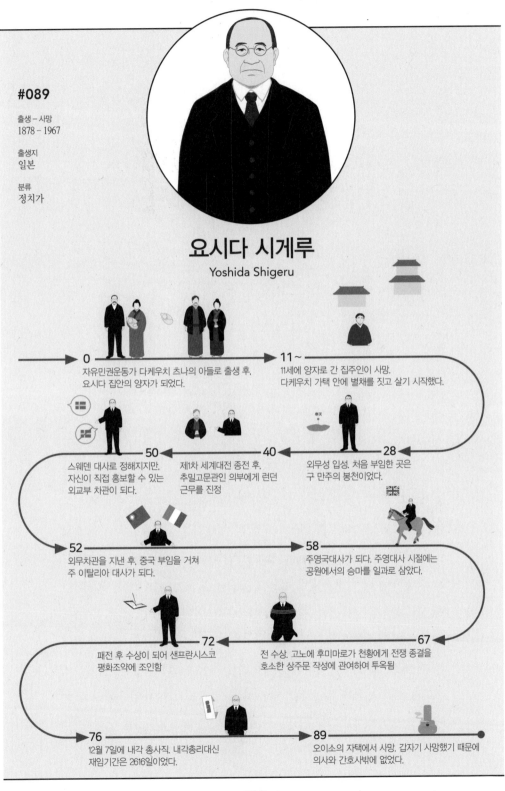

#089

출생 – 사망
1878 – 1967

출생지
일본

분류
정치가

요시다 시게루
Yoshida Shigeru

0
자유민권운동가 다케우치 츠나의 아들로 출생 후,
요시다 집안의 양자가 되었다.

11~
11세에 양자로 간 집주인이 사망.
다케우치 가택 안에 별채를 짓고 살기 시작했다.

28
외무성 입성. 처음 부임한 곳은
구 만주의 봉천이었다.

40
제1차 세계대전 종전 후,
추밀고문관인 의부에게 런던
근무를 진정

50
스웨덴 대사로 정해지지만,
자신이 직접 홍보할 수 있는
외교부 차관이 된다.

52
외무차관을 지낸 후, 중국 부임을 거쳐
주 이탈리아 대사가 된다.

58
주영국대사가 된다. 주영대사 시절에는
공원에서의 승마를 일과로 삼았다.

67
전 수상. 고노에 후미마로가 천황에게 전쟁 종결을
호소한 상주문 작성에 관여하여 투옥됨

72
패전 후 수상이 되어 샌프란시스코
평화조약에 조인함

76
12월 7일에 내각 총사직. 내각총리대신
재임기간은 2616일이었다.

89
오이소의 자택에서 사망. 갑자기 사망했기 때문에
의사와 간호사밖에 없었다.

중요한 것은 의문을 계속 가져야 한다
신성한 호기심을 잃어서는 안 된다

독일 태생의 유대계 이론물리학자. 상대성이론 등을 제창. '현대물리학의 아버지'라고 일컬어진다. 열렬한 평화주의자이며 유대인을 위해서도 헌신적인 노력을 아끼지 않았다. 제2차 세계대전에 즈음해서는 나치의 위협에 맞서기 위해 미국의 프랭클린 루스벨트 대통령에게 자신이 발견한 것을 이용한 원자폭탄의 개발이 있을지도 모른다는 것을 경고하는 편지를 보내기도 하였다. 전쟁 후에는 수학자이자 철학자 러셀 등과 함께 핵병기 폐절을 호소하였다. 또한 인종차별적 분리정책, 미국의 외교정책, 매카시즘(반공산주의 운동)에도 반대의 목소리를 높였다. 제2차 세계대전 때인 26세에 완성시킨 논문 중 하나인 친필 버전을 만들어 경매에 부친 것은 연합군에게 기부하기 위해서였다.

#090

출생 – 사망
1879 – 1955

출생지
독일

분류
물리학자

아인슈타인
Albert Einstein

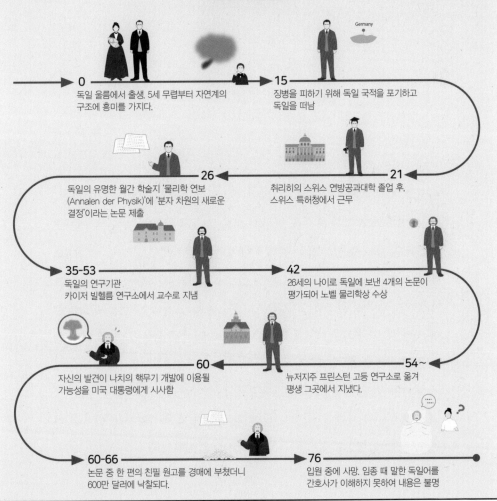

0
독일 울름에서 출생. 5세 무렵부터 자연계의
구조에 흥미를 가지다.

15
징병을 피하기 위해 독일 국적을 포기하고
독일을 떠남

26
독일의 유명한 월간 학술지 '물리학 연보
(Annalen der Physik)'에 '분자 차원의 새로운
결정'이라는 논문 제출

21
취리히의 스위스 연방공과대학 졸업 후,
스위스 특허청에서 근무

35-53
독일의 연구기관
카이저 빌헬름 연구소에서 교수로 지냄

42
26세의 나이로 독일에 보낸 4개의 논문이
평가되어 노벨 물리학상 수상

60
자신의 발견이 나치의 핵무기 개발에 이용될
가능성을 미국 대통령에게 시사함

54~
뉴저지주 프린스턴 고등 연구소로 옮겨
평생 그곳에서 지냈다.

60-66
논문 중 한 편의 친필 원고를 경매에 부쳤더니
600만 달러에 낙찰되다.

76
입원 중에 사망. 임종 때 말한 독일어를
간호사가 이해하지 못하여 내용은 불명

이 세상에는 억압하는 자도 억압받는 자도 없다
있는 것은 단지 억압되어도 견디는 자와
그것을 견디지 못하는 자 뿐이다

러일 전쟁에서 일본이 승리한 것에 자극을 받아 오스만 제국의 개혁운동이 있던 '청년터키 혁명'에 참가하지만, 지도자들과 사이가 맞지 않아 이탈리아-터키 전쟁과 발칸 전쟁에서 활약하게 되었다. 제1차 세계대전에서 오스만 제국은 러시아에 빼앗긴 영토를 되찾기 위해 독일·오스트리아의 동맹국 측의 일원으로 참전. 이때 전선으로 나가 싸운 점을 미루어 훗날 터키 혁명의 지도자가 되어 터키 공화국을 세우게 된다. 터키공화국 성립이 선언되고 초대 대통령에 취임한 것은 43세 때. 그 다음해에는 헌법을 발포. 칼리프제의 폐지로 정교분리를 실현하는 등 터키의 근대화 개혁을 진행했다. 이런 실적에 따라 나중에 의회로부터 '아타튀르크('튀르크인의 아버지'라는 의미)'라는 칭호가 수여되었다.

#091

출생 – 사망
1881 – 1938

출생지
터키

분류
군인, 대통령

무스타파 케말
Mustafa Kemal Ataturk

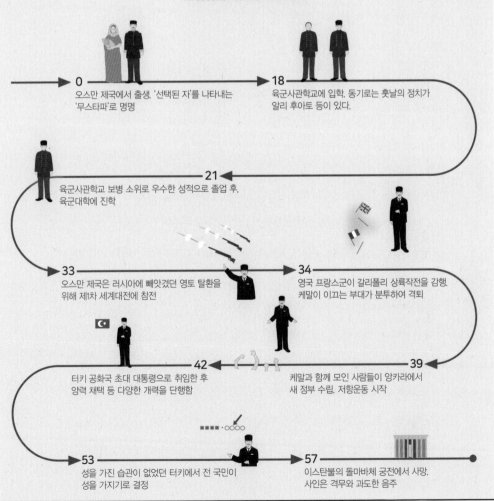

0
오스만 제국에서 출생. '선택된 자'를 나타내는
'무스타파'로 명명

18
육군사관학교에 입학. 동기로는 훗날의 정치가
알리 후아토 등이 있다.

21
육군사관학교 보병 소위로 우수한 성적으로 졸업 후,
육군대학에 진학

33
오스만 제국은 러시아에 빼앗겼던 영토 탈환을
위해 제1차 세계대전에 참전

34
영국 프랑스군이 갈리폴리 상륙작전을 감행.
케말이 이끄는 부대가 분투하여 격퇴

39
케말과 함께 모인 사람들이 앙카라에서
새 정부 수립. 저항운동 시작

42
터키 공화국 초대 대통령으로 취임한 후
양력 채택 등 다양한 개력을 단행함

53
성을 가진 습관이 없었던 터키에서 전 국민이
성을 가지기로 결정

57
이스탄불의 돌마바체 궁전에서 사망.
사인은 격무와 과도한 음주

할 수 있다고 생각하면 할 수 있다
할 수 없다고 생각하면 할 수 없다
이것은 흔들림 없는 절대적인 법칙이다

프랑스 화가 조르주 블랙과 함께 큐비즘(입체파)의 창시자이다. 큐비즘이란 지금까지의 구상회화가 하나의 관점에 따라 그려졌던 것에 비해 여러 각도에서 본 대상물을 한 화면에 담는 기법이다. 큐비즘의 출발점이 된 예술 양식의 작품으로 알려진 것이 1907년에 발표한 아비뇽의 처녀들. 이후 기타나 와인병 등 정물을 소재로 많은 큐비즘 작품을 완성시켰는데 그 특징은 상자와 같은 각진 형태의 집합으로 왜곡되어 그리는 것이다. 일생에 1만 3,500여 점의 유화와 소묘, 10만 점의 판화, 3만 4,000점의 삽화, 300점의 조각과 도자기를 제작. 가장 다작인 미술가로 기네스북에 기록되어 있다.

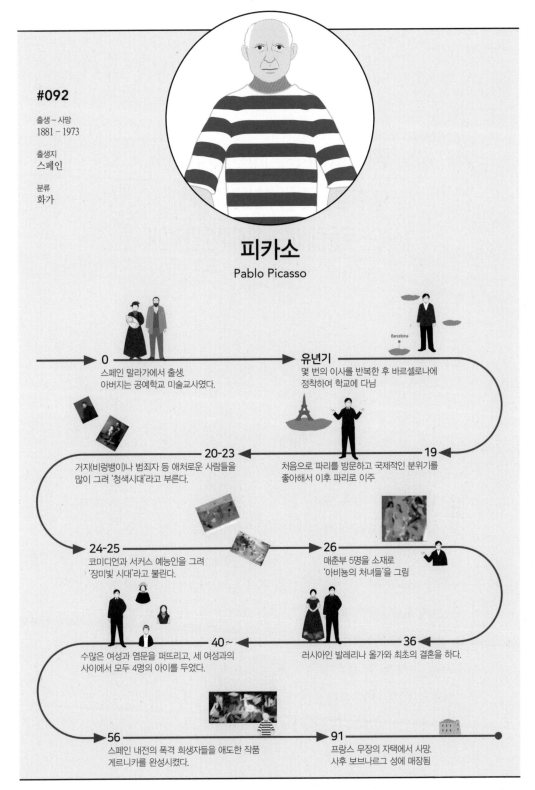

#092

출생 – 사망
1881 – 1973

출생지
스페인

분류
화가

피카소
Pablo Picasso

0
스페인 말라가에서 출생.
아버지는 공예학교 미술교사였다.

유년기
몇 번의 이사를 반복한 후 바르셀로나에
정착하여 학교에 다님

19
처음으로 파리를 방문하고 국제적인 분위기를
좋아해서 이후 파리로 이주

20-23
거지(비렁뱅이)나 범죄자 등 애처로운 사람들을
많이 그려 '청색시대'라고 부른다.

24-25
코미디언과 서커스 예능인을 그려
'장미빛 시대'라고 불린다.

26
매춘부 5명을 소재로
'아비뇽의 처녀들'을 그림

36
러시아인 발레리나 올가와 최초의 결혼을 하다.

40~
수많은 여성과 염문을 퍼뜨리고, 세 여성과의
사이에서 모두 4명의 아이를 두었다.

56
스페인 내전의 폭격 희생자들을 애도한 작품
게르니카를 완성시켰다.

91
프랑스 무장의 자택에서 사망.
사후 보브나르그 성에 매장됨

내일의 실현을 제한하는 것은
단 하나
오늘에 대한 의심뿐이다

미국의 제32대 대통령. 전 대통령 시어도어 루스벨트가 먼 친척이었던
이유로 시어도어를 목표로 정치가에 뜻을 두었다. 하버드 대학교와 컬
럼비아 대학교에서 법을 공부하고 정치가로의 꿈에 가까이 다가갔다.
제1차 세계대전에서는 민주당의 윌슨 대통령 밑에서 해군 차관을 지냈
다. 이후 40세 무렵에 뇌수염을 앓아 두 다리를 잃고 휠체어 생활로 정
계에 복귀하여 뉴욕 주지사로 취임했다. 50세 때 대공황을 극복하기 위
하여 뉴딜정책에 희망을 걸었고, 결국 허버트 후버를 물리치고 대통령
에 당선되었다. 선거 중에는 '뉴딜'의 구체적인 내용은 결정되지 않았지
만, 당선 후 정치 경제 전문가를 브레인으로 채용해 공황 대책을 책정하
였다. 취임 이후 차례대로 정책을 실행하였다.

#093

출생 – 사망
1882 – 1945

출생지
미국

분류
정치가

프랭클린 루스벨트
Franklin Delano Roosevelt

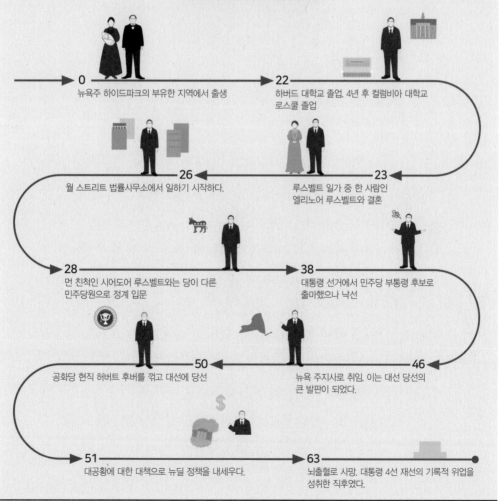

0 뉴욕주 하이드파크의 부유한 지역에서 출생

22 하버드 대학교 졸업. 4년 후 컬럼비아 대학교 로스쿨 졸업

26 월 스트리트 법률사무소에서 일하기 시작하다.

23 루스벨트 일가 중 한 사람인 엘리노어 루스벨트와 결혼

28 먼 친척인 시어도어 루스벨트와는 당이 다른 민주당원으로 정계 입문

38 대통령 선거에서 민주당 부통령 후보로 출마했으나 낙선

50 공화당 현직 허버트 후버를 꺾고 대선에 당선

46 뉴욕 주지사로 취임. 이는 대선 당선의 큰 발판이 되었다.

51 대공황에 대한 대책으로 뉴딜 정책을 내세우다.

63 뇌출혈로 사망. 대통령 4선 재선의 기록적 위업을 성취한 직후였다.

자신을 남과 비교하지 마라
만약 비교한다면
당신은 자존심에 상처를 주는 것이다

독일 수상 및 국가원수. 연설의 귀재로 국가와 일체가 된 국가 사회주의 독일 노동자당(나치)의 지도자가 되어 제3제국의 독재자가 되었다. 힌덴부르크 대통령이 사망하자 대통령을 겸하여 총통이라고 칭하게 되었고, 이후 독재정치로 군비를 확대하면서 베르사유 조약을 파기. 침략주의를 추진해 독일을 전체주의 국가로 이끌었다. 정권을 잡는 데 있어서는 당시의 최신 미디어였던 텔레비전이나 라디오를 활용해 프로파간다를 확산시켰다. 또한 베를린 올림픽에서는 기록영화도 제작하였다. 나치가 집권한 12년여 동안 유대인 대량학살을 자행한 것은 전 세계에 알려진 슬픈 사건이다. 이로 인해, 약 600만 명의 고귀한 생명을 잃었다고 한다.

#094

출생 – 사망
1889 – 1945

출생지
오스트리아

분류
지도자

히틀러
Adolf Hitler

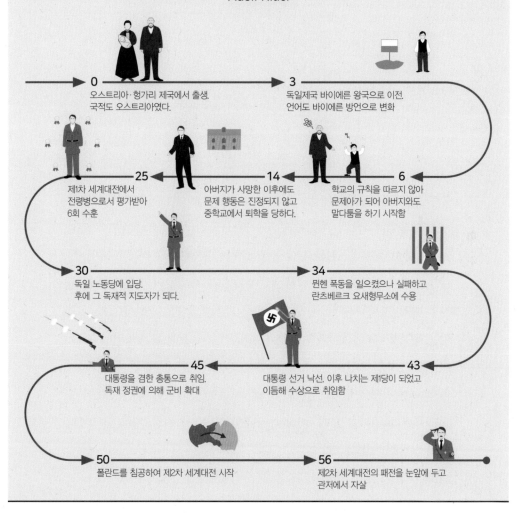

0
오스트리아·헝가리 제국에서 출생.
국적도 오스트리아였다.

3
독일제국 바이에른 왕국으로 이전.
언어도 바이에른 방언으로 변화

25
제1차 세계대전에서
전령병으로서 평가받아
6회 수훈

14
아버지가 사망한 이후에도
문제 행동은 진정되지 않고
중학교에서 퇴학을 당하다.

6
학교의 규칙을 따르지 않아
문제아가 되어 아버지와도
말다툼을 하기 시작함

30
독일 노동당에 입당.
후에 그 독재적 지도자가 되다.

34
뮌헨 폭동을 일으켰으나 실패하고
란츠베르크 요새형무소에 수용

45
대통령을 겸한 총통으로 취임.
독재 정권에 의해 군비 확대

43
대통령 선거 낙선. 이후 나치는 제1당이 되었고
이듬해 수상으로 취임함

50
폴란드를 침공하여 제2차 세계대전 시작

56
제2차 세계대전의 패전을 눈앞에 두고
관저에서 자살

결단이란
목적을 잃지 않는 결심의 유지이다

NATO군 최고사령관과 미국의 제34대 대통령을 역임. '사상 최대의 작전'으로 불리는 노르망디 상륙작전을 지휘해 연합군의 승리를 이끌었다. 국민들로부터는 친근감을 담아 '아이크'라고 불렸다. 그의 좌우명인 '언행은 우아하게, 행동은 힘차게'를 실천한 것도 사람들이 그를 지지한 이유일 것이다. 고교 재학 중 무릎부상에 의한 감염증으로 의사는 다리 절단을 권유했지만 이를 거부하였다. 나중에 기적적으로 회복하였다. 또한 대학진학을 희망하였으나 경제적으로 어려움이 있었다. 마찬가지로 진학 희망인 형과 한쪽이 대학에 다니는 동안에 다른 한쪽이 그해의 등록금을 버는 결정을 하여, 버터 공장에서 일한 2년 동안, 형이 대학에서 공부하였다. 그러나 그 후, 수업료가 필요 없는 육군사관학교에 입학. 형과의 약속은 깨졌지만, 형은 무사히 미시간대 로스쿨을 졸업했다.

#095

출생 – 사망
1890 – 1969

출생지
미국

분류
군인, 정치가

아이젠하워
Dwight David Eisenhower

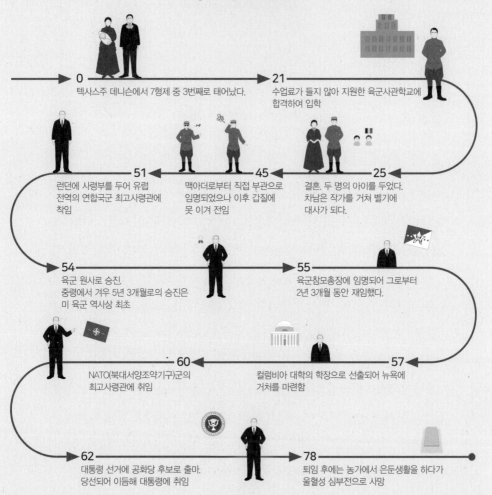

0 텍사스주 데니슨에서 7형제 중 3번째로 태어났다.

21 수업료가 들지 않아 지원한 육군사관학교에 합격하여 입학

51 런던에 사령부를 두어 유럽 전역의 연합국군 최고사령관에 착임

45 맥아더로부터 직접 부관으로 임명되었으나 이후 갑질에 못 이겨 전임

25 결혼. 두 명의 아이를 두었다. 차남은 작가를 거쳐 벨기에 대사가 되다.

54 육군 원사로 승진. 중령에서 겨우 5년 3개월로의 승진은 미 육군 역사상 최초

55 육군참모총장에 임명되어 그로부터 2년 3개월 동안 재임했다.

60 NATO(북대서양조약기구)군의 최고사령관에 취임

57 컬럼비아 대학의 학장으로 선출되어 뉴욕에 거처를 마련함

62 대통령 선거에 공화당 후보로 출마. 당선되어 이듬해 대통령에 취임

78 퇴임 후에는 농가에서 은둔생활을 하다가 울혈성 심부전으로 사망

자유와 독립만큼
귀한 것은 없다

베트남 민족운동의 지도자. '베트남 건국의 아버지'라고 불린다. 1911년 뱃사람으로 유럽으로 건너가 1919년 베르사유회의에서 프랑스로부터의 베트남의 자유를 호소하는 '베트남 인민의 8항목의 요구'를 제출하였다. 1955년부터 1975년까지 지속된 베트남 전쟁에서 북베트남(베트남 민주공화국)을 이끌고 승리를 이루었다. 호치민이 통솔한 북베트남은 남베트남을 '미국의 불우국가'로 규정하고 공산주의 이데올로기를 배경으로 베트남인에 의한 남북 베트남 통일독립국가의 건국을 요구했다. 이 전쟁에서 프랑스, 미국을 물리치고 베트남의 독립을 확실히 한 공로로 현재에도 베트남 국민으로부터 '호 아저씨'라는 애칭으로 불리며 사랑받고 있다.

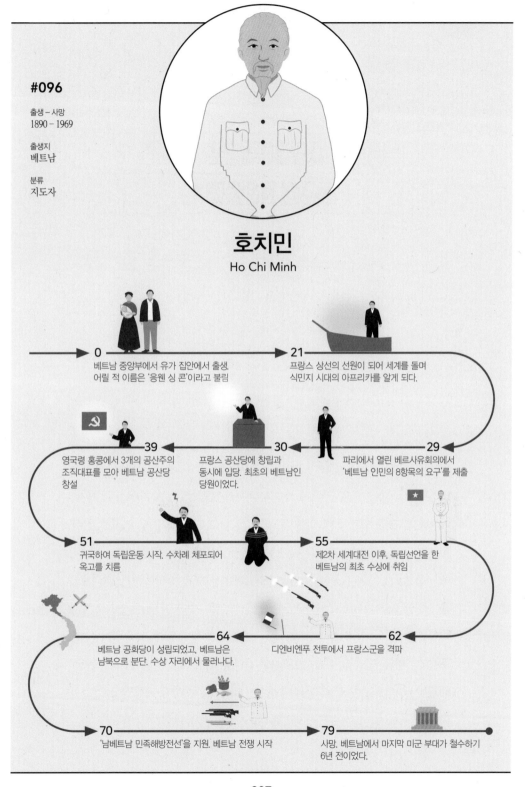

#096

출생 – 사망
1890 – 1969

출생지
베트남

분류
지도자

호치민
Ho Chi Minh

0
베트남 중앙부에서 유가 집안에서 출생.
어릴 적 이름은 '응웬 싱 콘'이라고 불림

21
프랑스 상선의 선원이 되어 세계를 돌며
식민지 시대의 아프리카를 알게 되다.

39
영국령 홍콩에서 3개의 공산주의
조직대표를 모아 베트남 공산당
창설

30
프랑스 공산당에 창립과
동시에 입당. 최초의 베트남인
당원이었다.

29
파리에서 열린 베르사유회의에서
'베트남 인민의 8항목의 요구'를 제출

51
귀국하여 독립운동 시작. 수차례 체포되어
옥고를 치름

55
제2차 세계대전 이후, 독립선언을 한
베트남의 최초 수상에 취임

64
베트남 공화당이 성립되었고, 베트남은
남북으로 분단. 수상 자리에서 물러나다.

62
디엔비엔푸 전투에서 프랑스군을 격파

70
'남베트남 민족해방전선'을 지원. 베트남 전쟁 시작

79
사망. 베트남에서 마지막 미군 부대가 철수하기
6년 전이었다.

주인으로서 긍지를 가지고 행동하라
행동은 너 자신의 것이다

프랑스의 제18대 대통령 드골의 경력 시작은 육군 소위. 제1차 세계대전에서는 대위로서 전선에 섰고, 제2차 세계대전에도 참전했지만 패배. 부대의 지휘를 벗어나게 되었다. 이후 런던으로의 망명을 결정하고 50세에 영국에서 망명정부 '자유 프랑스 민족회의'를 결성하였다. 이는 제2차 세계대전 당시 독일이 프랑스를 점령하는 것을 반대하기 위해 만들어진 조직으로 망명한 프랑스들에 의해 결성된 자유 프랑스군을 군자조직으로 삼았다. 알제리에서 프랑스 공화국 임시정부가 설립되자 초대 원수로 취임. 같은 해 파리의 독일군이 항복하자 임시정부가 정식으로 프랑스 정부로 넘어가게 되면서 미국, 영국, 소비에트연방이 이를 승인했다. 그러나 최종적으로는 지지를 잃어 사임에 이르렀다.

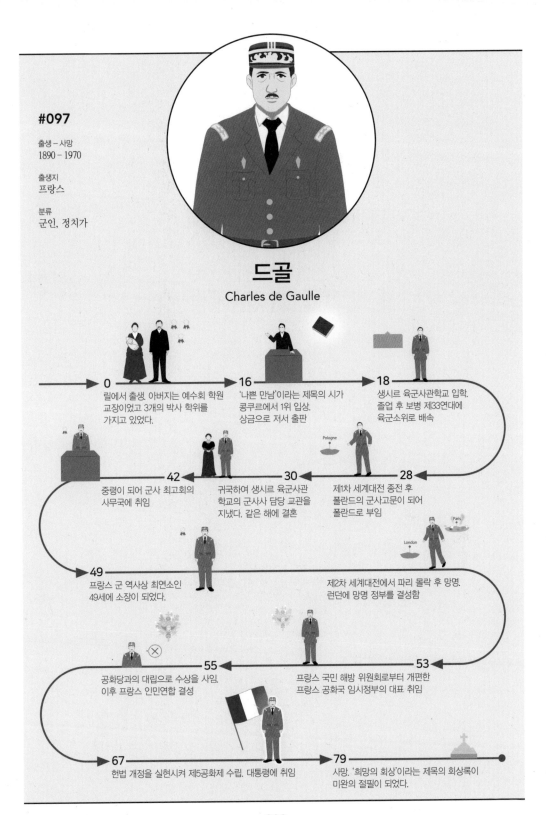

#097

출생 – 사망
1890 – 1970

출생지
프랑스

분류
군인, 정치가

드골
Charles de Gaulle

0
릴에서 출생. 아버지는 예수회 학원
교장이었고 3개의 박사 학위를
가지고 있었다.

16
'나쁜 만남'이라는 제목의 시가
콩쿠르에서 1위 입상.
상금으로 저서 출판

18
생시르 육군사관학교 입학.
졸업 후 보병 제33연대에
육군소위로 배속

42
중령이 되어 군사 최고회의
사무국에 취임

30
귀국하여 생시르 육군사관
학교의 군사사 담당 교관을
지냈다. 같은 해에 결혼

28
제1차 세계대전 종전 후
폴란드의 군사고문이 되어
폴란드로 부임

49
프랑스 군 역사상 최연소인
49세에 소장이 되었다.

제2차 세계대전에서 파리 몰락 후 망명.
런던에 망명 정부를 결성함

55
공화당과의 대립으로 수상을 사임.
이후 프랑스 인민연합 결성

53
프랑스 국민 해방 위원회로부터 개편한
프랑스 공화국 임시정부의 대표 취임

67
헌법 개정을 실현시켜 제5공화제 수립. 대통령에 취임

79
사망. '희망의 회상'이라는 제목의 회상록이
미완의 절필이 되었다.

배 맛이 궁금하다면
내 손으로 따서 먹어 보아야 한다
참된 지식이란
곧 직접 체험하는 가운데 생긴다

중국공산당의 지도자, 중국의 혁명가, 사상가, 중화인민공화국의 건국자 및 초대 국가주석이다. 문화대혁명으로 인해 종신 지도자로서의 위상을 쌓아 올렸다. 사회적, 정치적 활동에 뛰어든 계기는 학창시절 진보적 청년단체 '신민학회'를 조직한 것이다. 학생연합회기관지 '상강평론'의 편집과 집필을 담당하였고, 마르크스주의자가 되어 사회주의청년단의 지방조직을 만들어 갔다. 중일 전쟁이 발발했을 무렵에는 '실천론', '모순론'을 집필해 당내의 교조주의와 경험주의의 잘못을 비판하였고, 중국 독자적인 혁명 이론을 전개하였다. 또한 '지구전론'에서는 항일전 승리의 이론적 근거를 밝히고 인민전쟁론을 내세웠다. '신민주주의론'에서는 신민주주의혁명의 이론을 심화하였고, '연합정부론'에서는 민주연합정부의 필요성을 설명하고 있다.

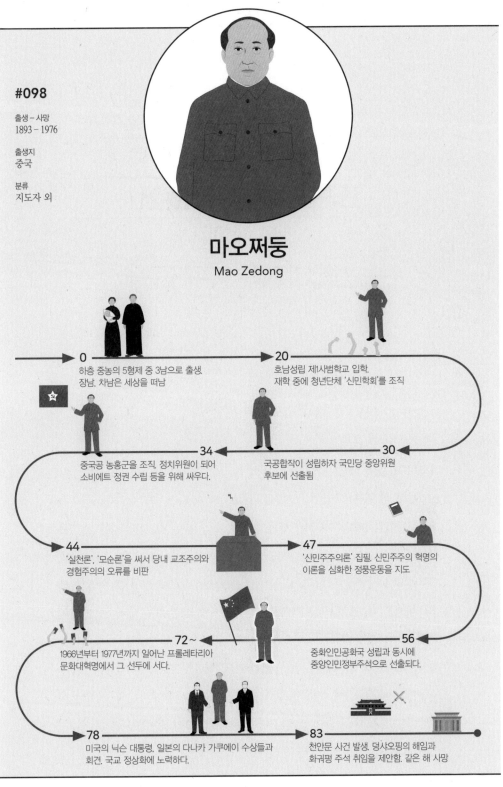

#098

출생 – 사망
1893 – 1976

출생지
중국

분류
지도자 외

마오쩌둥
Mao Zedong

0
하층 중농의 5형제 중 3남으로 출생.
장남, 차남은 세상을 떠남

20
호남성립 제1사범학교 입학.
재학 중에 청년단체 '신민학회'를 조직

30
국공합작이 성립하자 국민당 중앙위원
후보에 선출됨

34
중국공 농홍군을 조직. 정치위원이 되어
소비에트 정권 수립 등을 위해 싸우다.

44
'실천론', '모순론'을 써서 당내 교조주의와
경험주의의 오류를 비판

47
'신민주주의론' 집필. 신민주주의 혁명의
이론을 심화한 정풍운동을 지도

56
중화인민공화국 성립과 동시에
중앙인민정부주석으로 선출되다.

72~
1966년부터 1977년까지 일어난 프롤레타리아
문화대혁명에서 그 선두에 서다.

78
미국의 닉슨 대통령, 일본의 다나카 가쿠에이 수상들과
회견. 국교 정상화에 노력하다.

83
천안문 사건 발생. 덩샤오핑의 해임과
화궈펑 주석 취임을 제안함. 같은 해 사망

목적과 정책이 없다면
노력과 용기는 충분하지 않다

미국의 제35대 대통령. 미국 역사상 최초의 가톨릭계 대통령이었다. 뉴 프런티어 정책을 내걸고, 국내를 향해서는 혁신적 기분을 향상시키는 시책을 전개. 외교면에서는 베를린 장벽 건설 문제와 쿠바 위기 등으로 소련의 흐루쇼프와 대립하면서도 미소 화해의 길을 계속해서 모색했다. 대통령 취임 전에는 선천적인 척추의 장애가 원인으로 2년 간 여러 차례 척추 수술을 받았고, 장기간 일을 쉰 적이 있었다. 쉬는 동안 병실에서 읽은 하버드 에이거의 '통합의 대상'에 자극을 받아 스스로도 정치가로 서의 신념을 책에 저술할 것을 결의한 결과, '용기 있는 사람들'은 많은 사람에게 지지를 받는 베스트셀러가 되었다. 사생활에서는 숱한 염문을 퍼뜨렸는데 특히 유명한 상대는 여배우 마릴린 먼로이다.

#099

출생 – 사망
1917 – 1963

출생지
미국

분류
정치가

존 F. 케네디

John F. Kennedy

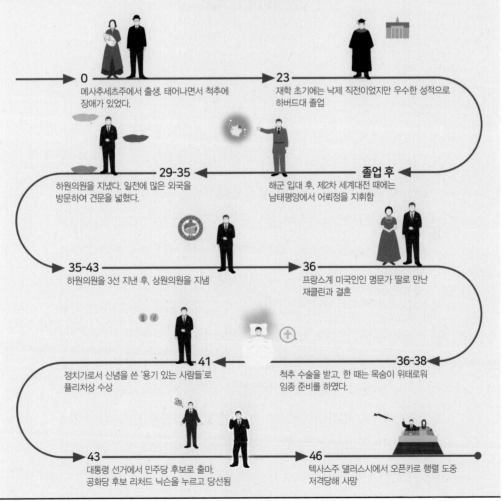

0
메사추세츠주에서 출생. 태어나면서 척추에
장애가 있었다.

23
재학 초기에는 낙제 직전이었지만 우수한 성적으로
하버드대 졸업

29-35
하원의원을 지냈다. 일전에 많은 외국을
방문하여 견문을 넓혔다.

졸업 후
해군 입대 후, 제2차 세계대전 때에는
남태평양에서 어뢰정을 지휘함

35-43
하원의원을 3선 지낸 후, 상원의원을 지냄

36
프랑스계 미국인인 명문가 딸로 만난
재클린과 결혼

41
정치가로서 신념을 쓴 '용기 있는 사람들'로
퓰리처상 수상

36-38
척추 수술을 받고, 한 때는 목숨이 위태로워
임종 준비를 하였다.

43
대통령 선거에서 민주당 후보로 출마.
공화당 후보 리처드 닉슨을 누르고 당선됨

46
텍사스주 댈러스시에서 오픈카로 행렬 도중
저격당해 사망

내일 죽는다면
삶이 바뀔 것인가?
지금 당신의 삶은
얼마나 살기 위한 것인가?

의과대학 재학 중 중남미를 오토바이로 여행하면서 현지에서 빈곤을 경험하게 되었고, 남아메리카의 곤경은 미국이 경제적 패권을 쥐고 있기 때문이라고 생각했다. 또 그 해결에 도움이 되는 것이 공산주의라고 믿은 것으로부터 정치활동을 시작하였다. 더 나아가서 대학 졸업 후, 혁신 정권 하의 볼리비아와 과테말라, 멕시코 등을 방문해 카스트로를 만났고, 카스트로와 함께 쿠바에 상륙해 게릴라전을 시작(쿠바혁명)하였다. 혁명 성공 후에는 쿠바에서 시민권을 부여받았다. 체 게바라의 정치활동의 원점은 젊은 시절 자택 서재에 있던 부모의 서적을 통해 좌익 이론을 접한 것으로 알려져 있다. 그 후 의사 일을 하면서 마르크스주의에 대해 공부한 후 자신의 사상을 쿠바와 기타 국가에서의 혁명 활동으로 전환시켜 나갔다.

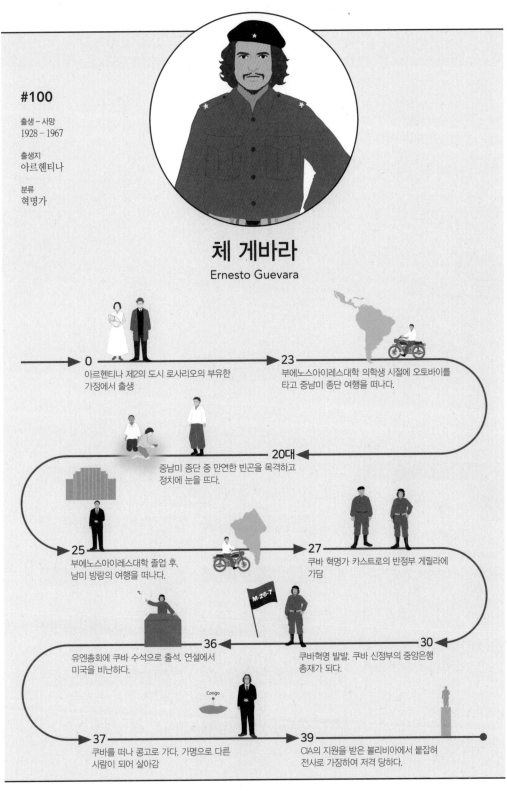

#100

출생 - 사망
1928 - 1967

출생지
아르헨티나

분류
혁명가

체 게바라
Ernesto Guevara

0
아르헨티나 제2의 도시 로사리오의 부유한
가정에서 출생

23
부에노스아이레스대학 의학생 시절에 오토바이를
타고 중남미 종단 여행을 떠나다.

20대
중남미 종단 중 만연한 빈곤을 목격하고
정치에 눈을 뜨다.

25
부에노스아이레스대학 졸업 후,
남미 방랑의 여행을 떠나다.

27
쿠바 혁명가 카스트로의 반정부 게릴라에
가담

36
유엔총회에 쿠바 수석으로 출석. 연설에서
미국을 비난하다.

30
쿠바혁명 발발. 쿠바 신정부의 중앙은행
총재가 되다.

M-26-7

Congo

37
쿠바를 떠나 콩고로 가다. 가명으로 다른
사람이 되어 살아감

39
CIA의 지원을 받은 볼리비아에서 붙잡혀
전사로 가장하여 저격 당하다.

1 일본	강희제	**8 인도**
무라사키 시키부	마오쩌둥	간디
미나모토노 요시쓰네		
셋슈		**9 파키스탄**
이노 타다타카	**3 몽골**	악바르
가쓰시카 호쿠사이	칭기즈칸	
시부사와 에이이치		**10 사우디아라비아**
기타자토 시바사부로	**4 우즈베키스탄**	무함마드
아키야마 사네유키	티무르	
요시다 시게루		**11 이라크**
	5 네팔	살라딘
2 중국 및 주변 아시아	가우타마 싯다르타	
공자		**12 러시아**
시황제	**6 태국**	표트르 1세
제갈량	라마 5세	알렉산드르 1세
이백		레닌
휘종	**7 베트남**	
	호치민	

⑬ 팔레스타인
예수

⑭ 터키
무스타파 케말

⑮ 그리스
아리스토텔레스
알렉산드로스 대왕
아르키메데스

⑯ 튀니지
한니발

⑰ 이탈리아
카이사르
토마스 아퀴나스
마르코 폴로
콜럼버스
레오나르도 다 빈치
마키아벨리
미켈란젤로
마테오 리치
갈릴레오
베르니니

⑱ 프랑스
잔 다르크
파스칼
루이 14세
로베스 피에르
나폴레옹
가리발디
에펠
모네
조르조 쇠라
드골

⑲ 스위스
루소

⑳ 오스트리아
마리아 테레지아
모차르트
히틀러

㉑ 헝가리
프란츠 리스트

㉒ 포르투갈
바스코 다 가마

㉓ 스페인
이사벨 1세
가우디
피카소

㉔ 영국
엘리자베스 1세
드레이크
셰익스피어
크롬웰
뉴턴
다윈
빅토리아 여왕
처칠

㉕ 폴란드
코페르니쿠스
예카테리나 2세
마리 퀴리

㉖ 네덜란드
렘브란트
베르메르
고흐

㉗ 스코틀랜드
벨

㉘ 독일
구텐베르크
루터
바흐
프리드리히 2세
괴테
비스마르크
마르크스
니체
아인슈타인

㉙ 아르헨티나
체 게바라

㉚ 베네수엘라
시몬 볼리바르

㉛ 미국
벤자민 프랭클린
조지 워싱턴
토마스 제퍼슨
링컨
록펠러
에디슨
시어도어 루스벨트
프랭클린 루스벨트
아이젠하워
존 F. 케네디

찾아보기(가나다순)

찾아보기(분류별)

에필로그

내가 역사 이야기를 할 때 제자나 동영상 시청자에게 가장 많이 받는 질문은 '역사상 인물 중에서 가장 좋아하는 사람은 누구입니까?'이다.

하지만 그것은 나에게 있어서는 매우 곤란한 질문이다. 역사 속 인물들은 저마다의 장점이 있고 각자 좋아하는 점이 있기 때문이다. 알면 알수록 흥미로워 누구 하나를 딱 꼬집어 말할 수 없다. 그 인물들이 퍼즐처럼 짝을 지어 하나의 역사라는 작품을 만들어가는 일련의 과정이 나에게는 큰 재미로 다가온다. 그런 이유에서 이 책에 등장한 인물을 100명으로 압축하는 것도 힘든 작업이었다.

역사 교과서에는 그들 말고도 많은 매력적인 위인들이 넘쳐난다. 부디 그 위인의 인생을 접할 기회가 있으면 좋겠다. 이 책에 등장한 100명도 혼자의 힘으로 천재가 된 것은 아니다. 그 생애에 있어 그 인물을 지탱해 준 사람들, 그 인물이 천재로 일컬어지는 시대 배경을 만든 수많은 이름 없는 민중들 한 사람 한 사람 또한 천재를 만든 중요한 요소이다. 만약 그들이 100년이라는 시간 차를 두고 태어났다면, 똑같은 업적을 남겼을 거라고는 단정할 수 없다.

세계의 위인 중에는 일찍 꽃피운 인물도 있고, 늦게 꽃피우는 인물도 있다. 이 책에 등장하는 위인들의 나이와 여러분의 나이를 함께 짚어보길 바란다. 과거에 사는 인물이 한 인간으로서 조금 더 가깝게 느껴질 수 있을 것 같다.

야마사키 케이치

말할 때를 아는 자는
침묵할 때도 안다

아르키메데스

배우는 것만으로도 재능은 꽃이 핀다
뜻이 없으면 학문의 완성은 없다

제갈량

0에서 1을 만드는 것은 어렵다
1에서 2를 만드는 것은 쉽다

콜럼버스

초조해하는 것은 아무 소용도 없다
후회는 더욱 소용이 없다
조바심은 잘못을 더하고
후회는 새로운 후회를 만든다

괴테

할 수 있다고 생각하면 할 수 있다
할 수 없다고 생각하면 할 수 없다
이것은 흔들림 없는 절대적인 법칙이다

피카소

교양으로 읽는 세계사

천재들의 인생도감

2021. 1. 15. 초 판 1쇄 인쇄
2021. 1. 20. 초 판 1쇄 발행

감   수 | 야마사키 케이치
옮긴이 | 황명희
펴낸이 | 이종춘
펴낸곳 | BM (주)도서출판 성안당
주소 | 04032 서울시 마포구 양화로 127 첨단빌딩 3층(출판기획 R&D 센터)
04032 10881 경기도 파주시 문발로 112 파주 출판 문화도시(제작 및 물류)
전화 | 02) 3142-0036
031) 950-6300
팩스 | 031) 955-0510
등록 | 1973. 2. 1. 제406-2005-000046호
출판사 홈페이지 | **www.cyber.co.kr**
ISBN | 978-89-315-9096-8 (03900)
정가 | 17,000원

이 책을 만든 사람들
책임 | 최옥현
진행 | 김혜숙, 최동진
교정·교열 | 최동진
본문·표지 디자인 | 유지나
홍보 | 김계향, 유미나
국제부 | 이선민, 조혜란, 김혜숙
마케팅 | 구본철, 차정욱, 나진호, 이동후, 강호묵
마케팅 지원 | 장상범, 박지연
제작 | 김유석